国外农业丛书

主编 晋保平 张宇燕

国外的小城镇建设

——以美国为例

李 萌 编著

中国社会出版社

图书在版编目(CIP)数据

国外的小城镇建设：以美国为例/李萌编著．—北京：
中国社会出版社，2006.9
(国外农业/晋保平，张宇燕主编)

ISBN 978-7-5087-1477-6

Ⅰ.国…　Ⅱ.李…　Ⅲ.城镇—城市建设—研究—美国
Ⅳ.F299.712.1

中国版本图书馆 CIP 数据核字(2006)第 109358 号

丛 书 名：国外农业
主　　编：晋保平　张宇燕
书　　名：国外的小城镇建设——以美国为例
编 著 者：李　萌
责任编辑：崔　云

出版发行：中国社会出版社　　邮政编码：100032
通联方法：北京市西城区二龙路甲 33 号新龙大厦
电　话：(010)66080300　(010)66083600
(010)66085300　(010)66063678
邮购部：(010)66060275　电　传：(010)66051713
网　　址：www.shcbs.com.cn
经　　销：各地新华书店

印刷装订：北京华创印务有限公司
开　　本：140mm×203mm　1/32
印　　张：5.5
字　　数：127 千字
版　　次：2006 年 9 月第 1 版
印　　次：2014 年 7 月第 4 次印刷
定　　价：9.00 元

建设社会主义新农村书屋

总序　造就新农民 建设新农村

李学举

党的十六届五中全会作出了建设社会主义新农村的战略部署。在社会主义新农村建设过程中，大力发展农村文化事业，努力培养有文化、懂技术、会经营的新型农民，既是新农村建设取得进展的重要标志，也是把社会主义新农村建设不断推向前进的基本保证。

为落实中央的战略部署，中央文明办、民政部、新闻出版总署、国家广电总局决定，将已开展三期的“万家社区图书室援建和万家社区读书活动”由城市全面拓展到农村，“十一五”期间计划在全国三分之一以上的村委会开展农村图书室援建和读书活动，使两亿多农民由此受益，让这项造福城市居民的民心工程同时也造福亿万农民群众。中央领导同志对此十分重视，中共中央政治局委员、国务院副总理回良玉同志作出重要批示：“发展农村文化事业是新农村建设的重要内容，也是农村发展中一个亟待加强的薄弱环节。在农村开展图书室援建和读书活动，为亿万农民群众送去读得懂、用得上的各种有益书刊，对造就有文化、懂技术、会经营的新型农民，满足农民全面发展的需求，将发挥重要作用。对这项事关农民切身利益、事关社会主义新农村建设的重要活动，要精心组织，务求实效。”

中共中央政治局委员、中央书记处书记、中宣部部长刘云山同志也作出重要批示。他指出："万家社区图书室援建和万家社区读书活动，是一项得人心、暖人心、聚人心的活动，对丰富城市居民的文化生活、推动学习型社区建设发挥了重要作用。这项活动由城市拓展到农村，必将对丰富和满足广大农民群众的精神文化生活，推动社会主义新农村建设发挥积极作用。要精心组织，务求实效，把这件事关群众利益的好事做好。"

为了使活动真正取得实效，让亿万农民群众足不出村就能读到他们"读得懂、用得上"的图书，活动的主办单位精心组织数百名专家学者和政府相关负责人，编辑了"建设社会主义新农村书屋"。"书屋"共分农村政策法律、农村公共管理与社会建设、农村经济发展与经营管理、农村实用科技与技能培训、精神文明与科学生活、中华传统文化道德与民俗民风、文学精品与人物传记、农村卫生与医疗保健、农村教育与文化体育、农民看世界等10大类、1000个品种。这些图书几乎涵盖了新农村建设的方方面面。"书屋"用农民的语言、农民的话，深入浅出，使具有初中文化水平的人就能读得懂；"书屋"贴近农村、贴近农民、贴近农村生活的实际，贴近农民的文化需求，使农民读后能够用得上。

希望农村图书室援建和农村读书活动深入持久地开展下去，使活动成为一项深受欢迎的富民活动，造福亿万农民。希望"书屋"能为农民群众提供一个了解外界信息的窗口，成为农民学文化、学科技的课堂，为提高农民素质，扩大农民的视野，陶冶农民的情操发挥积极作用。同时，也希望更多有识之士参与这项活动，推动农村文化建设，关心支持社会主义新农村建设。

前　言

城市化是社会生产力发展的必然产物，是人类文明进步的表现，是衡量一国经济、社会水平的重要标志。城市的出现和发展是人类文明的集中体现。目前，一个国家中的城市尤其是大城市往往肩负着政治、经济、文化活动中的重任，是各国及世界发展的表现形式和动力。纵观世界发展历程，可以看出城市化是历史趋势，是世界潮流。人类的经济、社会发展和城市化进程有着密不可分的关系。城市化是世界各国追求现代化的一个共同选择，是一个不以人的意志为转移的历史必然。

从概念上看，城市化一般是指人口向城市地区集聚和乡村地区转变为城市地区的过程，包括人口城市化和地域城市化两个方面。从另一个意义上说，城市化又指乡村人口向城市人口转化以及由此产生的人们的生产、生活方式由乡村型向城市型转化的一种社会现象。从过程上看，城市化一般表现为：农业人口先向第二产业，接着向第三产业转移；人类的生产、生活由分散的乡村向城市集中；城市人口迅速增长，城市数量不断增加；城市设施不断完善；人类的生产方式、生活方式和社会活动方式不断变化和进步。城市化的过程就是人类社会这么一个不断发展、不断进步的现代化过程。

其实，早在农耕时代，城市就出现了。但那时，它的作用主要是军事防御和举行祭祀仪式，并不具有生产功能，只是个消费中心。当时城市的规模很小，因为周围的农村提供的余粮不多，每个城市和它控制的农村，构成一个小单位，相对封闭，自给自足。

大约在公元前5000年左右，随着农业生产力的提高，少数新石器时代的村落发展成为小集镇和城市，这一变化称为“城市革命”。世界最早的城市出现在今伊拉克境内，沿幼发拉底河和底格里斯河两岸而立。按现代的城市标准来说当时的城市很小，但与以前人类定居点相比，则是很大了。

中国人民大学教授邬沧萍在其著作《世界人口纲要》中指出，世界上最早的城市是位于死海北岸的古里乔，距今9000年左右。亚当斯在其《城市的进化》一书中记述，大约公元前1000年，由于铁的使用，社会交通大为改善，生产迅速发展，城市人口的增加速度开始慢慢加快。公元几个世纪前，欧洲的雅典逐渐发展为一个独立的城邦，而罗马到公元2世纪，已拥有百万居民，成为罗马这个地跨亚、非、欧的国家的中心。

然而，真正意义上的城市化运动还是在工业革命之后才产生的。随着18世纪欧洲产业革命的开始，工业化的兴起和发展促使城市化进程速度迅速加快。最早开始城市化进程的是位于西欧的英国。英国资产阶级革命成功后，随着蒸汽机的发明和应用，标志着机器时代即工业时代已经到来，城市化也随之而起。

1800年，全世界的城市化水平仅为3%，而几乎同时，英国的城市人口已占到全国总人口的近1/3。到1850年，英国城市人口的比重超过总人口的一半，在人类历史上首次实现了城市化。在这之后，随着各国工业化进程的加快，非农业经济活动的比重逐步上升，世界城市化的速度也大大加快。

工业革命带来的大规模使用机器的生产活动，要求劳动要素相对集中，再加上工业区域劳动力市场价格的吸引作用，造成了农村人口向某些中心区域的迅速集中。人群的集中带来了市场活动、商业经营以及服务业的发展，同时也创造了就业机会。

由于上述诸种因素的相互影响，使得工业化、城市化、市场化以及所谓“现代化”成为同样的一个历史进程。这样，从 18 世纪中叶开始到 20 世纪中叶，在将近 200 年的时间里，多数西方发达国家基本上实现了“城市化”，也就是说，形成了多数人口聚集居住的格局。

20 世纪以来，尤其是第二次世界大战结束后，世界城市化的速度、规模、范围都达到了空前的程度。根据联合国的统计，从 1950 年到 1995 年，发达国家的城市居民增长了 37%左右，在欠发达国家，城市居民的人数增加了一倍以上，而在最不发达的国家，城市居民的人数增加了两倍以上。1990 年世界城市人口比重达到 41%。截至 2004 年，全世界的城市化水平已经达到 48.7%。发达国家的城市化率大多达到百分之七八十：法国 75.9%，美国 77.9%，日本 79.2%，德国 88.1%，英国更高达 89.7%。

城市化是传统社会向现代社会转轨的必然，是农村人口向市镇迁移的必然。城市化的发展有其内在的规律。一般认为，城市化的过程大致有四个阶段：初期城市化，以人口明显向城市集中，市中心得以较快发展为特点；郊区城市化，即原有郊区变为市区，使城市面积不断扩大；逆城市化，城市不再以郊区城市化形式向大型集中化发展，而是通过向周围较远地区或小城市转移企业，向小型分散化发展；再城市化，通过迁入新型企业使一些大城市因逆城市化而衰退了的城市中心再度振兴。

从历史的角度来考察城镇化过程，西方发达国家在城市化过程中也大多经历了以上几个阶段。自工业革命开始以来，西方工业国家经济开始腾飞，农村的分散的居民点便逐渐衰退，城市数目不断增加，规模不断扩大，城市人口迅速增加。这一阶段主要表现出“集中化”的特征。

进入19世纪之后，由于工业化时期城市化发展迅猛异常，致使社会变迁加速，进而使社会经济失控，城市问题层出不穷：城市人口膨胀，拥挤不堪，出现大量的贫民窟；城市工厂把大量的废料往河里倾倒，把大量废气排入大气中，各种疾病滋生，居住质量下降，对富裕的人口产生强大的推力；城市拥挤，交通堵塞，使城市聚集经济效益减弱，企业损失巨大，给企业异常强大的离心推力。

另外，由于汽车、火车等新型交通工具的诞生，使得城市的边界大大扩张，很多原有的郊区逐渐演变成市区，城市的工业、商业开始向郊区转移，很多城市居民也选择在郊区生活。

从20世纪60年代开始，在发达国家城市化进程中，又出现了一种逆城市化的现象，也有人称之为城镇化或反城市化。其主要表现为大城市人口明显减少、人口由中心城市大量向郊区小城镇及更远的乡村地区迁移，更多的人口集居在大城市的边缘地带。很多的工业企业也纷纷离开城市，向中小城镇及乡村地区转移，中等城市人口迅速增加，城市化区域不断扩大。

逆城市化现象首先开始于北欧和西欧，随后在20世纪七八十年代许多发达国家都出现了这种现象，如丹麦、法国、德国、意大利、西班牙、英国、美国和日本等，其中在西欧和美国表现较为突出。在20世纪60年代，美国全国6个100万以上人口的大城市，人口减少了140万，50万~100万人口的大城市从20个减至16个。这16个大城市人口总数也减少了220万，占全国人口的比例从12.2%降到9.7%，其中纽约市的人口数减少了36.6%。在之后的70年代和80年代间，许多城市包括布法罗、克利夫兰、底特律、新奥尔良、匹兹堡和圣路易丝等，总人口都呈下降趋势，其中有些城市在这期间平均人口增长率为负数。如在1970年到1985年间，伯明翰、利兹、伦敦和曼彻斯特人口增长率为负，在 1985 年 ~1995 年期间，其总人口也基本没有增加，而伦敦人口负增长率超过 1%，共减少了 125.9 万人，从而失去其大都市的称号。在其他一些国家，如西班牙、意大利和丹麦，其现有资料表明，这一现象仍在进行当中。

造成这一现象的主要原因在于城市的中心地带环境污染问题严峻，城市中心已不再适宜人们生活起居。另一方面，发达的现代交通工具也为人们从城市移居到郊区提供了可能。于是，这一阶段的区域发展模式表现为城市中心区域人口增长停滞，城市周边区域不断扩增，卫星城式的居民区发展迅速。于是，以大城市为中心的“都市圈”、“城市群”、“城市带”发展较快。

在世界各国的小城镇建设中，美国小城镇的建设发展尤为迅速。美国的小城镇建设始于上世纪初。从 20 世纪 20 代起，美国的经济繁荣和技术革命为美国城市的郊区化创造了良好的条件。

第二次世界大战之后，美国的小城镇发展出现了又一个高峰。这个时期，美国的经济持续繁荣，居民的生活水平有了长足的进步。社会财富不断积累，中产阶级继续膨胀。同时，高新技术的出现，使得原先传统工业开始衰落。出于成本、劳动力以及环境的因素，很多新兴产业选择在郊区办厂经营。这些因素对城市郊区化以及小城镇的蓬勃发展产生了十分重大的影响。

统计资料表明，在 1960 年，美国的大都市人口数量与郊区加小城镇人口数量几乎相当，分别占总人口的 33.4% 和 33.3%。这说明美国的小城镇建设在二次大战后取得了迅猛的发展。此后，美国的小城镇仍然不断发展，到 1970 年，中心城市人口共有 6400 万人，占总人口的 31.4%；而郊区及小城镇人口则达到了 7600 万人，超过了中心城市人口，占总人口的 37.2%。人口重心已经由过去的大城镇转移到了郊区以及小城镇地区。

目前，美国的小城镇数量在 4 万个以上，1/3 多的人口居住在城市郊区小城镇中，在小城镇生活、工作已成为美国人民生活的一种重要方式。美国小城镇的建设取得了突出的成就，目前已成为发展中国家借鉴和参考的样本。

美国的小城镇在漫长的建设过程中积累了相当的经验，形成了成熟的管理体制和规划思路。古谚有云，“他山之石，可以攻玉”。积极学习、借鉴西方发达国家小城镇的建设理论与实践经验，无疑能给我国欣欣向荣的小城镇建设提供一条新的思路。本书就是从这个目的出发，聚焦美国小城镇建设的方方面面，就美国小城镇的发展历程、建设管理、城镇规划、基础设施建设、产业发展、教育医疗等方面作了一定的介绍和概括。

作者呈献的这本书，其目的一方面是为了能给那些对小城镇建设比较感兴趣、愿意了解美国城镇建设具体情况的读者提供一个阅读的素材；另一方面，也希望读者朋友在看完之后也能对我国的城镇化建设发展有所思考。

在本书的内容安排上，为了使本书能够更加通俗易懂，方便读者阅读，作者在编写过程中引用了很多美国小城镇建设的实例来具体描述。另外，为了增加本书的趣味性和可读性，作者在每章的结尾部分都附上了一篇有关美国小城镇的趣闻故事，希望读者朋友在了解美国小城镇建设的同时，也能享受到趣味故事所能带来的乐趣。

编　者

2006 年 9 月

目　录

第一章　美国小城镇建设发展历程及现状

第一节　美国概述

美国是一个主要由移民人口组成的国家，全称为美利坚合众国。美国位于北美洲的南部，北边是加拿大，南边是墨西哥。美国的海岸线较长，东边靠着大西洋，西边靠着太平洋。另外，美国还有两块远离美国本土的“飞地”——一个是位于太平洋中部的夏威夷，另一个是位于加拿大以西的阿拉斯加州。美国本土东西长 4500 公里，南北宽 2700 公里，海岸线长 22680 公里，国土面积 937 万平方公里，是世界上国土面积第四大的国家。

美国由于国土面积较大，地形比较复杂，因此各地区之间的气候差异比较大。美国本土所处的纬度大约在北纬 25 度到 49 度之间，除佛罗里达半岛南端为热带气候外，都为温带和亚热带气候。

东北部沿海和五大湖地区，冬季寒冷，一月份平均气温为零下 6℃左右，夏季较温和，多雨，七月份平均气温为 16℃左右；年平均降水量约 1000 毫米。中部大平原区，由于地形南北敞开，冬季寒冷气流可长驱南下，夏季炎热的南风可不断吹进，因而冬季寒冷，夏季炎热。

靠近北部一带，一月份最低气温可达零下 40℃，七月份最高气温可达 45℃。年平均降水量一般在 500 毫米 ~ 1000 毫米。

东南部和墨西哥湾沿岸为亚热带气候。受墨西哥湾暖流影响，温暖湿润，一月份平均气温为 9 摄氏度左右，七月份平均气温为 24℃～27℃。夏末初秋墨西哥湾沿岸常有飓风侵袭，造成灾害。年平均降水量在 1500 毫米以上。

西部是内陆高原，气候干燥，冬季寒冷，夏季炎热，年平均降水量在 500 毫米以下，高原南部的荒漠地带降水量不到 250 毫米。太平洋沿岸北部是海洋性气候，冬暖夏凉，雨量充沛，一月份平均气温在 4℃以上，八月份平均气温不超过 14℃，年平均降水量在 1500 毫米以上。太平洋沿岸南部属地中海型气候，冬季温暖多雨，夏季干燥闷热，一月份平均气温为 12℃，八月份超过 22℃，年平均降水量为 300 毫米～500 毫米。

阿拉斯加约有 1/3 位于北极圈内，属寒带，气候干燥寒冷。东南部太平洋沿岸因受阿拉斯加暖流的影响，气候较温和湿润。夏威夷群岛地处热带，气候炎热。一般来说，迎风的东北坡降水丰富，背风的西南坡干燥少雨，个别迎风坡年降水量可达 12000 毫米。中北部温差较大，北部城市芝加哥一月平均气温零下 3℃，七月平均气温为 24℃；墨西哥湾沿岸一月平均气温 11℃，七月为 28℃。

美国是一个移民国家。在 15 世纪之前，北美洲大陆居住着印第安人。印第安人的祖先是于两三万年前从亚洲迁移到美洲的，绝大部分从亚洲东北部经白令海峡进入北美洲，然后逐渐向南扩散。从 16 世纪起，西班牙、荷兰、法国、英国等欧洲国家也开始向北美移民。

到 1773 年，英国已经在北美建立了 13 个殖民地。到达殖民地的大多数是西欧贫苦的劳动人民，也有贵族、地主、资产阶级，以英国人、爱尔兰人、德意志人和荷兰人最多。移民中有逃避战祸和宗教迫害者，有自愿和非自愿的“契约奴”以及乞丐、罪犯，还有从非洲被贩运来的黑人。后来，北美人民通过独立战争，摆脱了英国殖民者的统治，于1776年成立了美利坚合众国。

19世纪初期，美国的资本主义开始不断发展，美国的经济开始繁荣，领土也开始不断扩张。第二次世界大战之后，美国的国家实力得到大幅度的提高，并超越传统的欧洲国家，从此成为西方世界最发达的资本主义国家。

自1776年美国建国以来，美国的人口持续增长。美国目前人口共约2.8亿，是仅次于中国和印度的第三大人口国。美国是一个多种族、多民族的移民国家，人口中大部分是白人，约占70%，他们中大多是都是欧洲移民的后裔。非洲黑人后裔占12.1%，拉丁美洲移民大约占9%，亚裔人口大约占2.9%（其中华人、华侨约150万~200万），另外还有印第安人140万，占总人口的0.8%左右。

美国人口的分布较不均匀，大部分集中在位于五大湖、密西西比河流域以及大西洋沿岸附近。美国人口主要集中在城市当中，城市人口占到了总人口的70%多。美国人口的一个重点特征就是移民数量大。移民的到来对美国的人口增长起了一定的作用。长期以来，移民问题在美国的人口政策中占有重要地位。在美国建国早期，美国政府采取了鼓励移民自由入境的政策，但自20世纪20年代后，美国逐渐开始限制移民自由的输入。政策对每年移民输入量的总额进行限制，并且重视选择有文化、有专长的移民入境，即通过一些优厚的待遇和良好的条件以吸引世界各地的科学技术人员移居美国，并对非法入境者移民给予处罚或逐驱出境。

美国的行政划分为50个州以及一个特区——哥伦比亚特区。50个州的名称为：亚拉巴马、阿拉斯加、亚利桑那、阿肯色、加利福尼亚、科罗拉多、康涅狄格、特拉华、佛罗里达、佐治亚、夏威夷、爱达荷、伊利诺伊、印第安纳、衣阿华、堪萨斯、肯塔基、路易斯安那、缅因、马里兰、马萨诸塞、密歇根、明尼苏达、密西西比、密苏里、蒙大拿、内布拉斯加、内华达、新罕布什尔、新泽西、新墨西哥、纽约、北卡罗来纳、北达科他、俄亥俄、俄克拉何马、俄勒冈、宾夕法尼亚、罗得岛、南卡罗来纳、南达科他、田纳西、得克萨斯、犹他、佛蒙特、弗吉尼亚、华盛顿、西弗吉尼亚、威斯康星、怀俄明。州下面设立县，全国共有 3042 个县。

美国实行三权分立的政治体制，立法、行政、司法三部门鼎立，并相互制约。国会为最高立法机构，负责行使立法权，由参议院和众议院组成。总统行使行政权，集国家元首及政府首脑职权于一身，同时任武装部队总司令。美国设联邦最高法院、联邦法院、州法院及一些特别法院行使司法权。联邦最高法院由首席大法官和 8 名大法官组成，终身任职。

美国实行多党制，国内有很多个党派，但在国内政治及社会生活中起重大作用的只有共和党和民主党两个党派。其中共和党成立于 1854 年。1861 年林肯就任总统，共和党首次执政。此后至 1933 年的 70 多年中，除 16 年外，共和党一直主政白宫。1933 年以后，曾有艾森豪威尔、尼克松、福特、里根、老布什执政。

一般在总统大选中投票给该党候选人的选民为其党员。民主党于 1791 年成立，当时称共和党。1794 年改称民主共和党，1828 年改为民主党。1861 年南北战争前夕，民主党内部分裂，该党的南方奴隶主策划叛乱。南北战争结束后，民主党在野 24 年。1885 年克利夫兰当选总统执政。此后该党又大部分时间在野。1933 年开始，民主党人罗斯福、杜鲁门、肯尼迪、约翰逊、卡特、克林顿先后当选总统执政。

美国幅员辽阔，自然资源非常丰富。煤、石油、天然气、铁矿石、钾盐、磷酸盐、硫磺等矿物储量均居世界前列。美国具有高度发达的自由市场经济，工业部门齐全，劳动生产率较高，国内生产总值以及对外贸易额都居世界首位。

美国的科技实力雄厚，在信息技术、医药化工、航空航天以及机械装备领域的技术水平世界领先。美国拥有发达先进的机械化、商品化、社会化的农业，形成了高度专业化的农业带，主要农畜产品的产量均占世界首位，农产品出口占世界一半以上，但其农业人口却不多，不到全部就业人口的 3 %。美国的交通非常发达，铁路、公路、内河水运、航空以及管道运输构成了一个便利的交通网，尤其是从 20 世纪 30 年代开始兴建、50 年代大规模建设而形成的高速公路体系，成为美国人的一大骄傲。目前，美国全国公路总长为 630 万公里。

二战以来，美国的经济持续繁荣，目前已成为世界上最发达的资本主义国家。工农业生产门类齐全，集约化程度高，经济发展水平居世界领先地位，国民经济总产值占世界首位。汽车工业和建筑业在产业中占有重要地位，为美国经济的两大支柱。

近年来，在信息、生物等领域科技进步推动下，美国产业转型加快，劳动密集型产业进一步被淘汰或转移到国外。与此同时，信息等高科技产业发展迅速，产品更新换代日益加快，利用高科技改造传统产业也取得进取。主要的工业产品有汽车、航空设备、计算机、电子和通讯设备、钢铁、石油产品、化肥、水泥、塑料及新闻纸、机械等。

美国的农业高度发达，机械化程度高，主要农产品有小麦、玉米、大豆等，粮食总产量占世界的 1/5。美国还是世界上最大的商品和服务贸易国。美国的主要出口国和地区依次为：加拿大、欧盟、墨西哥、日本、中国，主要进口国和地区依次为：加拿大、欧盟、日本、墨西哥、中国。

美国的主要城市包括纽约、洛杉矶、芝加哥、费城等。其中，纽约是全国最大经济中心，是仅次于芝加哥和洛杉矶的全国第三大工业中心。纽约原是印第安人居住地。1626年荷兰人从印第安人手中低价买下曼哈顿岛，在近哈得孙河口一角辟作贸易站，称为“新阿姆斯特丹”，1664年被英国夺占，改名纽约，范围扩大到邻近陆地和长岛等处。1686年设市，1789年成为美国临时首都(至1796年)，第一任总统华盛顿在此就职。1825年伊利运河开通，纽约到五大潮地区有了全年通航的水道，沟通了美国中西部与大西洋沿岸的经济联系，使纽约处于对内对外贸易的重要交接点上。随着“纽约中央铁道”及多条铁路和公路的兴建，纽约经济日益繁盛，成为世界性的大城市和港口。

纽约还是美国和世界的金融和证券交易中心。位于曼哈顿岛南部的华尔街耸立着许多摩天大楼，集中了几十家大银行、保险公司和证券交易所，以及成百家大工业公司和运输公司的总经理处。

纽约又是美国运输业最发达的地区，纽约港区岸线总长1200多公里，主要由哈得孙河下游、长岛海峡和斯塔滕岛西面水域组成；水深9.13米的泊位400多个，拥有现代化的装卸、干船坞和库藏设施。纽约的货运量居全国第二(次于新奥尔良)，但对外贸易居全国首位(占全国l/5)。纽约的港口与河运、铁路、公路和航空构成一个综合运输系统，其中有200条水运航线、14条铁路线、380公里地下铁道、3个现代化航空港以及稠密的公路网。昆斯区南端的约翰·肯尼迪国际机场为世界上客货流量最大的航空港之一。大市区所属的各岛之间，有多座桥梁和多条河底隧道相连贯，其中通行汽车的重要隧道有林肯隧道和荷兰隧道(连接新泽西和曼哈顿岛)、布鲁克林隧道(连接曼哈顿和布鲁克林区)。曼哈顿和布鲁克林区间河面较狭，有著名的桥梁3座和地下电车道5条。

纽约也是全国文化教育和电视、广播中心。这里拥有94所大学和学院，976所公立学校，914所私立学校。其中，纽约市立大学规模最大，包括17个学院和一个研究生院，注册学生17.7万人。哥伦比亚大学是全市创建最早的高校(1754年始建)，是最著名的私立大学；其次是纽约大学等。福尔特罕和圣约翰大学是著名天主教会学校。此外还有众多的博物馆、美术馆、图书馆、科研机构、艺术中心等。其中最著名的大都会艺术博物馆是全美洲规模最大的一所。

纽约的公园、游乐场、海滩疗养地、剧院、歌剧院、音乐厅、画廊等均占全国首位，仅公园就有100余个。耸立在自由岛上的自由女神像被视作纽约市的“陆标”，建成于1886年，是法国人民为纪念美国独立战争和两国人民友谊而赠送的礼物。

第二节　美国小城镇的兴起与发展

一、美国的城市化发展历史

在建国早期，美国的农业人口占到总人口的95%以上，产业也主要以农业和畜牧业为主。然而，美国的城市化发展速度之快，令世人瞩目。到1920年，美国的城市居民人口数就已经超过了农村人口，成为一个初步实现城市化的国家。目前，美国的城市化水平已经达到75%以上，成了世界上城市化水平最高的国家之一。纵观美国的城市化进程，可以发现美国的城市化是和科技的不断进步尤其是交通工具的不断更新分不开的。根据交通的发展和城市化的演变情况，美国的城市化发展历程可以分为以下几个阶段：

(一) 帆船、马车时代（1830 年以前）

美国建国早期，城市还比较少，城市规模也比较小，而且主要集中在大西洋海岸。当时城市的形成是以殖民地为目的，并且经由契约组成的。例如，波士顿就是由所有居民签署契约的方式成立的。此时的美国仍是一个典型的乡村国家。农业是国民经济的主要命脉，90%的人口生活在乡村。城市工业弱小，不可能对乡村产生巨大的拉力。农业以小农经济为主，乡村劳动力奇缺，不可能把大量人口推向城市。

美国当时的城市经济主要以商业贸易为主，出口原材料，进口制成品。美国独立以后，虽然在政治上不再受英国殖民统治者的统治，但是经济上却十分依赖英国及欧洲国家。美国南方盛产棉花，南方的棉花经纽约以及大西洋的沿岸港口出口到英国以及欧洲国家，从而使美国的大西洋沿岸城市逐渐发展起来。

同时，密西西比河流域将美国南部城市奥尔良等同中西部城市连接了起来。与此同时，伊利运河的开通又将纽约和五大湖区连接了起来，很多人开始迁向纽约、五大湖附近地区。纽约成为了重要的商业中心。此时，人们的交通工具主要以马力、风力为主，帆船和马车成为人们进行日常活动的主要交通工具。1790 年 ~1830 年期间，美国人口从不到 400 万人增加到 1300 万人。1830 年，美国 2500 人以上的城市数目为 90 个，城市人口占总人口的比例约 9%。一个城市系统在美国初步形成。

（二）铁路和钢铁时代（1830 年 ~1920 年）

19 世纪中后期开始，美国工业化的帷幕悄悄拉开。这是美国工业革命的最重要时期，美国南北战争之后，美国的经济发展非常迅速。

美国人率先把最新科技成果应用到生产领域，使工业建立在很高的起点上，电力、钢铁、石油化工等先导产业带动了美国经济起飞。1870 年，美国经济落后于英国、法国、德国等欧洲国家。而到 1890 年，美国经济已独占鳌头，其工业总产值几乎与英、法、德三国总和相等。美国内战与第一次世界大战间，美国制造业增长了 12 倍。工业化的迅速发展为城市化创造了雄厚的物质基础，提供了众多的经济机会，对乡村人口产生了引力。

工业化带动了现代大农业的出现。美国制造业的发展为农业大生产提供了大量的农机具，农业中开始广泛地使用农业机械。内战结束后，联合收割机、播种机、中耕机、锄草机等农机具纷纷问世，到 18 世纪 90 年代田间作业基本上实现了机械化。

日益富裕的农场主投入越来越多的资本购买农机具，1860 年北方农场的农机具销售额为 2100 万美元，1900 年增加到 1.01 亿美元。农机具的广泛使用推动了农业劳动生产率的成倍增加，其中小麦劳动生产率比内战前提高了 17 倍，因此这一时期称为美国“农业革命”时期。现代大农业不仅为城市发展提供了足够的食物，而且解放了乡村大量劳动力，并把他们推向城市工厂。

随着工业化的发展，城市对乡村的示范效应日趋强烈。工业发展使城市日趋繁荣，城市居民收入增加迅速。据 1890 年统计，美国城市居民平均家庭财富超过 9000 美元，而农村家庭则为 3250 美元。因为城市居民收入较多，可以为居民提供较高的生活质量，使城市拉力和乡村推力更为明显。

工业化推动了近代交通迅速发展，也有力地推动了城市崛起。许多城市学家把交通设施的发展作为城市化的先决条件。19 世纪晚期是美国铁路建设的黄金时代。19 世纪 50 年代，美国开始建设第一条州际铁路系统，并在 10 年间完成了 3 万英里以上的铁路系统建设。

从 1850 年到 1870 年的 20 年间，美国的铁路通车里程增加了近6倍，从9000英里增加到53000英里。同时，在美国南北战争爆发前，运河建设已经基本完成。运河和铁路的建设将美国中西部和东北部连接了起来，中西部成为美国经济的第二中心。此时美国的铁路主要集中在东北地区，它把东北地区新兴的市镇连接成一个城市网络，形成一个扇形向中西部辐射。

1870年后，联邦政府、地方政府及企业家筹集了大量的资金，投入铁路建设。举国一致的铁路热使铁路迅速扩张，到1900年其长度已达19.3万英里，铁路网几乎覆盖全国。

纵横全国的铁路网把城市网从东北一隅渐次拉开，向中西部、西部荒野撒去。大铁路切割广袤无垠的荒野，荒野中定居的村落逐渐增多，村落成长为镇，镇发展为城市，全国城市网形成。1860年，人口在1万以上的城市有100个，1910年猛增到600个，同期人口在10万以上的城市由9个增至50个，百万人口的大城市也不断出现。

受到城市众多的经济机会的诱惑，19世纪晚期美国人口大规模地从乡村向城市流动。1890年的统计揭示了乡村人口的移出程度：宾夕法尼亚、新泽西、纽约州人口分别减少40%、25%和80%；康涅狄格、弗蒙特、新罕布什尔分别减少60%、75%、65%，新英格兰的1502个乡村镇区中，有932个的人口少于19世纪80年代初。

19世纪末也正好遇到了美国的第一个移民浪潮。美国大规模工业化中劳动力奇缺，工资高于欧洲国家，对欧洲落后国家的人民产生了难以抗拒的诱惑力。联邦政府为了解决劳动力缺乏的问题，采取了对欧洲移民开放的政策。同样，拉力和推力使欧洲乡村人口以巨大的洪流进入美国城市。据统计，1860年~1900年进入美国的移民有1400万之多，他们大多滞留在东北部和中西部城市。

乡村移民和外国移民两股洪流使城市人口骤增。1860 年至 1910 年，城市人口增加了 7 倍，这在世界城市化进程中是罕见的。1920 年美国的城市人口已占总人口的 50.9%，完成了由乡村社会向城市社会的转变，成为一个典型的城市国家。但这时的城市化发展不平衡，东北部和中部高度城市化了，而南部仍是一个封闭的乡村社会。

19 世纪末 20 世纪初城市化的实现，对美国社会产生了深远的影响：城市消化了农村剩余劳动力，农业生产中劳动力逐渐减少，到 20 世纪中叶，农业劳动力已降到总劳动力的 3%以下;农村劳动力转入城市为工业化提供了大量廉价劳动力。

另外，城市美化运动于 19 世纪末开始活跃起来。这主要是因为美国商业经济的快速发展以及城市发展的需要，人们开始对完善城市设计、建造美观舒适的房屋、实行城市功能区分等方面提出新的要求。从此，美国现代城市规划开始出现并不断发展。此时，美国的城市已出现放射状布局。高楼大厦位于城市的中心地带，居民区位于城市周边地区。

（三）汽车和飞机时代（1920 年 ~ 1970 年）

城市化在短期内完成，却使社会经历了“阵痛”，即患上了城市病。工业化时期城市化发展迅猛异常，致使社会变迁过速，进而使社会经济失控，城市问题层出不穷。

20 世纪 20 年代开始的技术革命和经济繁荣，为城市问题的解决创造了条件。技术进步最重要的标志是工厂中普遍采用流水作业。美国作家多根在《都市时代》一书中写道:“制造业技术从单件加工到大众化生产及流水作业的转变，加速了蓝领工业向郊外转移。”流水线作业就是使生产装配在一个巨大的平面内完成，城区狭窄的空间不能满足新的工厂组织的需求，因而企业转向郊外寻找宽阔的土地设立新厂。

流水作业的普遍采用又推动了汽车时代的到来，引起了交通领域的实际性革命。1945 年，美国登记的私人汽车有 2550 万辆，到 1960 年 80%的美国家庭至少拥有一辆汽车。汽车时代的到来悄悄地推动了一场社会革命，遏制了人口、工厂及商店进一步向城市集中。

汽车时代到来后，联邦政府拨出巨款资助公路网建设，从而加速了人口与工厂向郊区分散。1956 年，美国国会通过了《联邦援助公路法》，国会授权修筑州际高速公路，其费用 90%由联邦政府支付。

1921 年 ~1983 年，联邦政府用于建筑公路的费用累计为 5000 亿美元。到 1962 年，美国已有公路 310 万英里，其中 70%是高质量的硬表面公路。美国公路可谓四通八达，纵横交错，深入穷乡僻地。高速公路缩短了运输距离，使郊区土地升值。同铁路相比较，高速公路有明显的优越性。因此，在城区土地价格高涨作用下，工厂就迁到郊外沿高速公路定址，人口也迁往高速公路附近建立郊区社区。

第二次世界大战后的社会富裕和经济繁荣也推动了郊区化的发展。社会富裕的重要标志是国民经济总产值成倍增加。1945 年美国生产总值是 2120 亿美元，1970 年则超过 1 万亿美元，几乎增加了 4 倍。产值倍增、社会富裕使居民越来越有钱购买小汽车和郊区独户住宅。社会富裕还产生了庞大的中产阶级。1980 年核心城市和郊区构成的城市地区中 70.4%以上是白领中产阶级。中产阶级的膨胀对郊区化产生了重大影响。

由于上述诸方面因素，美国人口络绎不绝地流向郊区，使郊区人口增长迅速。1950 年 ~1970 年，郊区人口增长了近 3 倍。1970 年郊区人口超过城市，成为美国人口最多的地区。到 20 世纪 80 年代，郊区人口超过了 1 亿，占总人口的 44%。随着人口重心的移动，经济重心也随之移到郊区。二战后城里的工厂也撤到郊区，同时，高科技制造业如电子、生化、航空等工业在郊区发展起来。在某些郊区，相关工厂集中，形成了带有田园诗风味的工业园区。

1960 年 ~1980 年，美国出现了 2000 多个工业园区。工业园区的大量涌现，表明了郊区制造业获得长足发展。商业也不断向郊区分散，随之出现巨大的郊区商业区。1954 年 ~1977 年，美国出现 1.5 万个郊区商业区。1978 年郊区零售额超过了整个社会零售额的半数。工厂、商店迁到郊区后，城市为这些部门服务的事务所也迁往郊区，最后连大公司总部也搬到郊区。郊区新出现的一幢幢办公大楼形成了办公室和研究中心，成为美国科技实验室和工厂的大本营，如今已取代城市成为经济发展的中心。

（四）小城镇阶段（1970 年至今）

20 世纪 50 年代以后，电子产业、航空航天技术、通讯技术的发展将美国城市化进程带入了一个新的领域。第三产业的崛起，导致经济活动不断由城市中心向郊区小城镇转移，郊区人口的比例在不断上升。同时，由于美国农村经济的迅猛发展，吸引了很多人转向农村工作。

进入 20 世纪 70 年代后，美国城市人口继续由近郊向远郊流动，而郊区更富裕的人口又受到压力而流向乡村和小镇，这一现象被欧美城市学家称为“逆城市化”。小汽车的普及和高速公路网的形成，大大提高了交通的可达性，这为城市向遥远的乡村小镇分散创造了条件。同时乡村小镇生活费用低，环境优美，也增加了吸引力。

由于大量人口返回乡村和小镇，使非城市地区的人口回升。据统计，20 世纪 70 年代美国城市地区的人口增加了 9.1 %，而小村和小镇人口增长了 15%，非城市地区人口从 5440 万增至

6800万。进入20世纪80年代后，返回乡村、小镇的流动加速，仅1988年流往乡村小镇人口就达90.5万人，福克斯称之为“告别城市”。

工厂企业在搬到郊区之后，又继续迁往乡村小镇。乡村小镇工资低、地价廉、税收少，加之交通方便，是企业理想的新安置地。1979年~1984年，北卡罗来纳州山区小镇夏洛特吸引了1220个工厂企业。随着企业的迁入，为乡村小镇创造了大量的工作机会，吸引了不少城市和郊区居民。人口及工厂企业向乡村小镇流动，产生了“乡村复兴运动”。乡村小镇的复兴产生了重要的后果，开始使城乡差别缩小。

在东北集合城市，城市和乡村间明显的区别与界线已经消失，人们所见到的是一个巨大的团块。从波士顿直到巴尔的摩海岸线上，高楼林立，好像一个个的山脊向远方蜿蜒，高层建筑群间不时出现一些未被吞没的绿带。人们在这一地区旅行，仿佛置身于无边无际的城乡合一的世界中。而加利福尼亚集合城市更能体现逆城市化的影响，这一地区更少有城市的感觉。一个人在这里驱车，仿佛进入乡村化的模糊城市之中，有的地方高楼成群，有的地方芳草如茵，有的地方绿树成荫，整个地区茫茫一片，无边无际，似乎永远不能到达市中心。

逆城市化有着显著的社会效益。人口、工厂企业流向乡村小镇，其意义不仅是乡村的复兴，而且是城市化向更为广阔的地区扩散和渗透。城市化的扩散和渗透主要表现为现代文明成果——城市生活方式向郊区和乡村传播，城市和乡村的生活方式趋于同一，居民既享受五光十色的都市生活，又享有乡村田园诗般的恬静。逆城市化又产生了良好的经济效益。这种经济效益表现在城市经济扩散到郊区后，又向乡村小镇渗透，提高了城市辐射力，而乡村经济的复兴使城乡间的经济布局趋于合理，有利于整个国家经济发展和城乡共同繁荣。

二、美国小城镇崛起的原因

美国的城市化建设经历了由分散到集中，又从集中到分散的两大阶段，最终形成了以大都市为核心，周边小城镇蓬勃发展的城市带。就美国人口从分散到集中的过程来看，主要是美国移民不断增加，导致中心城市的形成。交通工具的落后（马车、帆船）使得人们必须居住的相对集中。同时，工业革命的到来以及资本主义的高速发展，以美国东北部为核心的工业聚集区开始形成。这些因素导致了美国人口不断向中心城市聚集，城镇人口也不断增加。

从 20 世纪 20 年代起，美国的经济繁荣和技术革命为美国城市的郊区化创造了良好的条件。经济的不断发展使美国社会出现了大量的中产阶级。城市人口的过于集中，产生了很多负面的效果，人们通常称之为“城市病”。例如：交通过于拥挤、居住空间狭窄、空气污染、噪音污染、资源紧缺等。很多人对这种生活状况非常厌恶。

工业时代的到来后，尤其是汽车的普及之后，极大地推动了城市居民的交通工具升级。根据统计，在 1920 年美国的汽车拥有量为 900 万辆，到 1957 年这个数据达到 5570 万辆，而到了 1975 年美国的汽车拥有量则超过了 1 亿辆，平均每两个人便能拥有一辆汽车。汽车的普及革命性地改变了人们的生活和工作方式。一些中产阶级开始选择在郊区构建房屋，小城镇开始不断发展壮大起来。

第二次世界大战之后，美国的小城镇发展出现了又一个高峰。这个时期，美国的经济持续繁荣，居民的生活水平有了长足的进步。社会财富不断积累，中产阶级继续膨胀。同时，高新技术的出现，使原先的传统工业开始衰落。

出于成本、劳动力以及环境的因素影响，很多新兴产业选择在郊区办厂经营。这些因素对城市郊区化以及小城镇蓬勃发展产生了十分重大的影响。

此后，美国的小城镇仍然不断发展，到1970年，中心城市人口共有6400万人，占总人口的31.4%；而郊区及小城镇人口则达到了7600万人，超过了中心城市人口，占总人口的37.2%。人口重心已经由过去的大城镇转移到了郊区以及小城镇地区。

在这次人口从集中到分散的过程中，主要的影响因素是交通和通讯技术的不断发展。随着20世纪50年代州际高速公路的建设和私人汽车的普及，使在城市工作、在郊区居住成为可能。而卡车的发明对在郊区小城镇兴办工厂具有重大的意义。在卡车发明以前，货物主要依靠铁路运输，再用马车进行集散。因此，早期的工业用地通常位于市中心和铁路的交叉口附近。卡车发明后，货物的交通更加便捷，由于郊区小城镇的土地价格便宜，土地宽阔便于建立流水线生产厂房，因此，人们开始在郊区小城镇兴办工厂。逐渐的，很多人口选择在郊区小城镇起居、工作。而与此同时，郊区小城镇工业和居民居住业的兴起也导致小城镇商业以及其他服务业的不断发展，郊区小城镇里也开始有学校、医院、商店、加油站等服务机构。小城镇开始兴起，城乡区别逐渐缩小。

第三节　美国小城镇的发展现状

一、美国小城镇的规模和类型

美国城市化的进程经历了由分散到集中，又从集中到分散的过程。如今，美国的城市化水平已经相当之高，城市人口占总人口比例在 80%以上。在美国城市化的进程当中，小城镇的发展起到了非常重要的作用。工业化时代之后，伴随着城市功能郊区化的过程，小城镇的地位和作用比以前更加明显。目前美国的小城镇数量在 4 万个以上，1/3 多的人口居住在城市郊区小城镇中，在小城镇生活、工作已成为美国人民生活一种重要的方式。

美国政府系统基本分为三个层次，即联邦政府、州政府和县、市、镇地方政府。县、市、镇地方政府在行政区域上隶属于某一个州，在法律上接受州政府的领导，但没有行政级别上的差异。县、市、镇的名称划分，主要是依据人口数量与产业状况而定。一般来说，县是以农业为主，管辖面积较大的行政机构；市、镇是从县逐步分离出来的，两者没有太大的区别，通常是人口多者叫市，人口较少的叫镇。但在美国的西部地区没有镇的建制，人口较少的城镇也叫市。美国的市镇规模大小不一，差距甚大，在全美国近 4 万个市镇中，有 94%的市镇人口是在 5 万人之下。

美国小城镇建设主要靠社会经济发展推动，政府对此没有强制性的行政干预。确定小城镇成立的直接因素在于一个地方的人口聚居数量、交通建设条件、私人资本投资状况以及地方税收水平。

美国的小城镇由于所处的地理区位不一样，其特点也有所不同，从类型上可大致分为三种。

一是城市郊区的小城镇。这些小城市又经常被称之为“卫星城”。因为这些小城镇就如同卫星环绕地球一样围绕在大都市的周围，具有明显的城市扩散特征。

“卫星城”是与大都市的喧闹相对应的一种恬静优雅的居住环境，其主要功能是作为大都市上班族的居住地。美国的很多中产阶级厌倦了城市里嘈杂的生活，除了白天必须到城市里工作之外，晚上就可以回到恬静的郊区小城镇中居住。这类城镇的设施以环境幽雅的住宅建设和配套的生活服务行业为主体，居住人口以经济富裕人居多，同时以老年人和青年人两种群体居多。

这类城镇的兴起与繁荣，充分反映了美国都市人的工作方式与生活方式的变革，从一定程度上展示出美国都市人回归自然、享受生态效应的心理倾向。在美国都市郊区的城镇中，还有一种由新科技开发而形成的卫星城，如闻名遐迩的美国硅谷。硅谷位于旧金山市，这里是全球芯片产业的主要聚集地，这里有着微软、英特尔等世界最著名的电脑公司。世界上很多知名的电脑公司在硅谷都设有科研和生产机构。这种类型的城镇具有很强的科技经济功能，但与工业化城市明显区别是其城镇环境的生态化较好。由于电脑芯片硅在生产过程中对周边环境要求较高，因此，厂方和研究机构都设立在风景比较好，空气比较湿润的地方。而硅谷恰恰就具备了这些条件。

美国小城镇的第二种类型就是城乡之间的小城镇。从地理位置上讲，这类城镇往往介于城市与乡村之间。可以说，这种类型的城镇既是沟通城乡经济与社会关系的纽带，又是连接都市与都市间的桥梁，生产性、经济性的功能尤为突出。

在大都市与乡村中间地带的小城镇，一般都有自身的特色产业和经济发展优势。有的已在城市发展的起步阶段就在本地区发挥着经济中心城镇的作用，例如加利福利亚洲的一些小城镇以酿酒业和皮革制造业为主导产业，在当地经济发展中举足轻重。基于城乡之间的地理特点，这些小城镇的房地产价格远远低于大都市，加之现代交通发达、便捷，使很多都市的居民乐于移居小城镇，并在此就业；一些投资者也将这些小城镇视为最佳居住地和投资地前来开创新的产业。

第三种是农村腹地的小城镇。这类小城镇一般都分布在与城市相距较远的广阔农村地带，是地处农村腹地的经济活动中心。在这类小城镇中居住着两部分人，一部分以农副产品加工、储运和地方特色产业为职业的工人，还有一部分是以农畜牧业为职业的农民。这两部分人群反映了美国农村小城镇经济性能的多重性，即第一产业、第二产业和第三产业不同程度地融合在一起，其农副产品加工业的比重相对大一点。美国农村的农业人口很少，总共还不到美国人口总数的3%。农场主大多拥有非常大的农场，一般都有几千公顷，播种、杀虫、收割都是由大型机械化工具完成的。农场主们都愿意居住于这种小城镇中，生活自由而又浪漫。有的农场主还在小城镇里有自己的农产品加工企业，可以加工一些农副产品。这种地处农村腹地小城镇的市镇规划、建设水平、经济条件、环境保护与上述两种类型的城镇无明显差异。

二、美国小城镇的基本特点

由于社会文化背景以及生活方式的不同，在近几十年的发展中，美国小城镇形成了自己的特色，与其他发展中国家的小城镇建设有着一定的区别。美国小城镇的基本特点具体表现在以下几个方面：

（一）在工业化的推动下发展起来

美国的城市化建设基本上是同工业化的进程同步发展的。在科技革命的影响下，二战后美国的产业结构开始转变，城市发展开始以大城市为中心向四周辐射发展，郊区小城镇的规模逐渐形成。

一些工业在郊区小城镇开办后，带动了包括教育、医疗、服务在内的多种产业的发展。同时，由于大城市生活状况的恶化，更多的人选择在小城镇生活。于是，美国在20世纪50年代提出建设小城镇的观点，并于1968年通过了《新城市开发法》。立法后，美国小城镇发展更加迅猛。

到20世纪70年代，美国小城镇的人口开始超过市区人口，零售业、服务业、教育娱乐设施、金融服务机构、工厂甚至很多公司的总部都开始在郊区的小城镇出现。可见，美国的小城镇发展是在工业化的推动下不断发展起来的。

（二）在自主选择的基础上建立起来

美国小城镇的建设是建立在自由市场以及居民自主选择的基础之上的，很少是由政府决定建立的，大多数是由当地居民共同决定，由私人投资兴建的。私人资本投资、人口聚居以及交通建设是美国小城镇建设和发展的主要核心力量。美国小城镇的设立需要具备四个条件：在该地区居住的居民中半数以上的都同意建立城镇，方可建立所谓的小城镇。如果该地区的居民比较混杂，或者流动性较强，大家并不是很乐意建立城镇，那么建立城镇的想法就不能够得到通过；该地区原来所属的上级县、市同意该地区设立城镇；小城镇应该具有独立的支付能力；该地区的人口总数不少于500户。

可见，美国小城镇的设立是在当地居民的自主选择基础之上建立起来的。这样的设立方式更加灵活、民主，对美国小城镇的发展起到了一定的积极作用。

（三）体现了以人为本的原则

“以人为本”指的是把人的需求看作建设小城镇的最主要目的和最重要的资源。一切发展都把满足人的需求作为目标。美国的小城镇建设中充分体现了这一原则，在建设过程中非常尊重社区居民的意愿，将满足小城镇居民的需求作为其发展的中心任务。小城镇的公共部门非常重视改善当地的投资环境和生活环境，积极创造一个比大城市环境更优美，生活更舒适的起居环境。同时，在小城镇的设计规划当中，也特别注重布局合理以及环境保护。小城镇中的饮水、卫生、通讯、交通等方面也都比较齐全。

（四）具有自治管理的特色

美国的小城镇的管理方式比较特殊。在美国，小城镇是一级独立的，是一个法定的行政社区单位，拥有一定的行政辖区边界。小城镇与所在的县、市没有行政级别高低之分。县长、市长和小城镇领导之间也没有上、下级关系。但是，与大中城市的行政设置有所不同，小城镇的议员及镇长不享受公务员的保障和待遇，而是当地居民选举的兼职人员。

他们一般拥有自己的公司或者农场，有固定的工作和收入，议员或者镇长只是一个身份象征。小城镇的市长或者镇长一般不在市政厅里上班，小城镇的日常工作一般由市长助理负责，其他一些固定的管理职位也由专业的公务人员负责。小城镇的公务人员不是很多，根据规模的大小，一般一个城镇大约有几十到几百个公务人员。这些公务人员中主要是警察、消防人员和规划管理人员等。

（五）具有独立的财政体系

在美国，社区内的税收主要由联邦政府和州政府负责收取。美国的小城镇的税收来源主要是依靠房地产税收。同时，州政府会根据小城镇的规模大小给予一定的财政补贴。相对来说，美国小城镇的财政较为独立。

财政收入的很大一部分都用于公共服务领域开销，例如警察、消防人员以及其他公务人员的工资。小城镇的财政局人员由当地民众共同选举产生，负责该小镇的财政支出。政府的每项开支到年末都要编制年鉴，接受小城镇公民的审查。另外，更加新奇的是，美国的地方政府财政允许破产，如果当地政府的财政收入不够支付当地的财政支出的话，可以申请破产。

（六）规划注重科学发展观念

美国小城镇的规划建设中非常注重科学发展观念，一般都制订城镇建设的总体规划，对一定时期内城镇的经济社会发展目标、城市性质、规模和发展方向、合理利用城市土地、协调城市空间布局和各项建设等方面作出综合性的部署和规划。

在考虑布局合理的基础上，规划中还非常注意环境保护，例如设立公共卫生桶、专门为宠物准备的粪便池等设施。另外，美国小城镇的建设规划还非常注重与州、县的相关规划相一致，体现整体性的布局。小镇的建设过程中，对交通、通讯、排污等公共设施规划上也考虑得比较合理、长远，尽量避免重复建设。此外，小城镇的规划建设方案具有法律权威性，任何个人和团体都无权随意更改规划中的相关要求，否则就要受到法律的制裁。

三、美国小城镇的分布及现状

美国是一个高度城镇化的国家。截至 2003 年，美国共有 50 个州（不包括哥伦比亚特别行政区），3043 个县（郡），35153 个市、镇（村），城镇化水平高达 85%。其中，人口达到 300 万以上的城市有 13 个，人口在 20 万到 100 万的城市有 78 个，10 万到 20 万人口的城市有 131 个，3 万到 10 万的小城市 878 个，几千人到 3 万人的小城镇达到 34000 个之多。美国的城市规模中以 10 万人以下的城市居多，大约占城市总数的 99.3%。目前，美国已经基本上实现了城乡一体化，小城镇的生活水平和大都市没有太大区别。

从布局上看，美国的城市比较多，而且主要以小型城市和小城镇为主，城市的聚集度较高。美国的小城镇达到三四万之多，分布较为广泛，遍及全国的每一个角落。大量小城镇在高速发展过程中，围绕大中城市的周围布局，在很多地区内形成了大中城市与小城镇错落有致、相互配合的城镇体系，形成了一定规模的城市带。

从地区上看，美国全国可以划分为三个著名的城市（群）带：第一个城市带位于美国东北部，从北边的波士顿一直到南边的华盛顿，绵延700公里，宽约100公里，人们称之为“波士华士”，即取每个城市的前边字母作为名称。这里有波士顿、纽约、费城、巴尔迪摩等主要中心城市，周边分布着大量的小城镇。这个地带是美国城市最为集中的地区，同时也是世界上最早、最大的城市连绵带。

第二个城市带位于美国五大湖的南部地区。这里是美国的主要工业地带和商业中心。该城市带共包括密尔沃基、芝加哥、底特律、克利夫兰以及匹兹堡等大城市。这些城市已经形成了一个密集的城市区域，许多大城市已经连成一片，往往某个城市的延伸部分就刚好是另外一个城市的发展部分。在这个地区，城市周边分布着众多的卫星城市、小城镇以及工业园区，城市与城市之间的界限已经不明显，很难辨认这些卫星城或者小城镇是位于哪个城市的周边地区。

第三个城市带位于美国西海岸加利福尼亚州。该城市带北起旧金山湾区，经洛杉矶、圣地亚哥直到墨西哥边境。该城市带两头大，中间小，从地图上看呈现出哑铃型。

美国的小城镇在地理分布上体现了多层次的体系。美国在小城镇的发展路线上，主要依托大城市的辐射影响，着力发展众多的小城市和中心镇，逐步形成了大规模的城镇连绵带，使得城市与郊区、城镇与乡村的差异消失。

美国小城镇的兴起在美国城市化过程中发挥了非常重要的作用。目前美国大约70%以上的人口居住在小城镇里。经过数十年的不断发展，美国小城镇体系已经初步建立起来。小城镇里有负责管理公众事务的政府机构，有负责社会治安的警察以及消防人员。另外，小城镇中一般还有一定的产业部门，例如生产型的以及服务型的机构。同时，美国在推进小城镇的发展进程中，也非常重视为产业发展营造一定的市场环境和法制环境。美国的小城镇也同样非常重视教育以及人才的培养。除了设立有专门管公立学校的教育委员会之外，还有一些准政府机构——学区。

四、对美国小城镇的几点认识

我们对美国小城镇可以有如下认识：

（一）小城镇是美国城市体系的重要组成部分

说到美国城市，人们往往会想到纽约、波士顿和洛杉矶等大城市。其实，美国大多数城市的规模都不大，像纽约、波士顿和洛杉矶这样的大城市并不多。从 20 世纪 30 年代开始，美国小城镇发展很快，小城镇人口比重显著上升。20 世纪 60 年代，美国实行了示范城市试验计划，实质就是分流大城市人口，大力发展小城镇。

在整个 20 世纪 70 年代，美国 10 万人以下的城镇人口从 7700 多万增长到 9600 万，增长了 25%左右。目前，80%以上的美国城市人口分布在中小城市。近 30 年发展起来的大都会、城市圈或城市带，不是大城市的无限扩张，而是大批小城镇的集合。美国城市中以 3 万 ~10 万人的小城镇居多。小城镇成为美国城市体系中的重要组成部分。

（二）政府机构精简，办事透明高效

美国小城镇政府机构主要是根据当地的市政管理事务和地方财政状况等实际情况来自行决定的，各小城镇之间不相同，甚至差距很大。但总的来说，政府机构少，工作人员少，官员更少。

例如加州的富乐顿市，该市实行市议会——经理制(这也是美国多数小城镇政府所采用的形式)，市议会有5名成员，由选民通过选举产生议长，即市长。

市议会掌握立法权和对行政部门的监督权，市议会和市长不履行任何管理职能，市政管理工作由市议会任命一名市政经理具体负责。富乐顿市政府管辖的部门包括行政服务部、城市经理办公室、社区服务部、工程部、消防局、维修服务部、独立公园、图书馆、博物馆、社会发展局、人事管理局和警察局、经济发展局、机场管理局和网球中心等15个部门。

小城镇政府工作的透明度很高，各项政务工作民众均有知情权和一定程度的参与权。富乐顿重要的市政会议都要进行广播和电视转播，且要重复播放3次，以方便更多的市民了解会议情况，为市政府工作建言献策。市民也可在开会时直接进入议会会议大厅旁听议会开会,在提前登记的前提下还可在议会发表自己的主张。

（三）良好的基础设施和优美的生活环境

美国小城镇的交通四通八达，从小城镇到大中型城市及其他小城镇都有高速公路相连，有的小城镇还建有机场，如富乐顿市就拥有一个飞机场。城镇内部更是路网密集，小车可以从自己的家门口直接开到商场、学校和医院等任何地点。

为方便顾客，节省时间，各快餐店都设计有专门的购餐线路，你不必下车就可即刻买到快餐食品。小城镇内的通信、供水、供电、供气和环卫等城市基础设施都很完善。另外，当地政府也非常重视小城镇的环境建设，公园、草坪随处可见。富乐顿是一个面积为2213平方英里，人口只有12万的小城市，但它拥有45座城市公园，总长280英里的街道两旁栽种有415万棵树木，整个城镇就像是一个大公园，蓝天白云、鸟语花香、绿树成荫。小城镇的各种社区服务也是应有尽有，不仅有商店、银行、医院、宾馆和饭店，还拥有图书馆、艺术廊和影剧院。

(四) 重视教育和人才的培养

美国各级政府非常重视教育和人才的培养，各类学校的设施都很先进，政府对教育的投入很大，特别是县级政府将财政收入的一半左右投入在教育上。除公立学校外，还有众多的私立学校。美国公立学校从小学到高中全部实行义务教育，学杂费全免。富乐顿市拥有7所公立小学、8所公立中学、5所大学。在全市25岁以上人口中，拥有高中毕业以上的人口占82%，拥有大学本科以上的人口占31%。良好的教育，高素质的人才，为富乐顿市的经济社会发展提供了坚实的人才保障。

总而言之，美国小城镇的建设为美国推动城市化运动起到了很大的作用，美国小城镇的发展历程中也积累了不少值得我们学习和借鉴的经验。尽管说美国的小城镇发展有其自己的特点和规律，但由于历史传统、客观条件等诸多因素的差异，他们的一些做法，我们不能简单的生搬硬套，但有些做法和经验确实值得我们思考和借鉴。

美国小城镇逸闻趣事　1

美国18岁少年当市长

一个只有18岁的少年成为城镇的父母官，这样的事情你相信么?

在美国密歇根州希尔斯代尔市，一位名叫迈克尔·塞申斯的高中生就成为了美国目前在任市长中最年轻的一位。

希尔斯代尔是一个很小的城市，只有9000个居民。2005年是希尔斯代尔市的选举日，1000多名选民参加了投票。年仅18

岁的塞申斯选择去竞选本市的市长。为了能赢得选民的支持，塞申斯在选举前就开始积极造势，挨家挨户敲门，说服选民投票时把他的名字写上去。最终，这名 18 岁的高中生以两票的优势击败现任市长——51 岁的道格·英格尔斯，成为美国目前在任市长中年龄最小的一位。11 月 21 日，塞申斯正式宣誓就职。

迈克尔·塞申斯选举成功后，包括他父母在内的家人和朋友们都不能相信这是真的，塞申斯也激动地说："最初我父母很怀疑我的候选资格，而且觉得我很疯狂。"

其实在选举开始阶段，市民对这个"乳臭未干"的"懵懂少年"还并不信任，经常拿他的年龄作为笑柄，最经常问他的一句话便是"你多大了"。然而，塞申斯并没有因此而放弃他的竞选计划，他很快便用自己的真诚打动了人们。一位曾经现场聆听塞申斯畅谈施政理念的选民这样评论到："他很聪明，他关心这个城市。"还有的市民甚至在自家大院里贴起了标语和牌子，支持这位少年的竞选活动。

塞申斯目前还是一名高中生，尽管他已经成为该市的"父母官"，但还是要接受教育，每天往返与市政厅和学校之间。塞申斯每天从早上 7：50 到下午 2：30 在学校学习科学文化知识，从下午 3 点开始，这位 18 岁的市长就要到市政厅处理公务了。据悉，塞申斯的竞选经费全部来自课余打工所得，全部花费只有 700 美元。这真可谓是美国政治版的"灰姑娘"故事。

第二章　美国小城镇的组织结构及职能

第一节　美国小城镇的主要组织形式

一、美国的政治体制概要

由于每个国家的政治制度、经济发展水平、文化传统、价值观念等方面不尽相同，各国在推进城镇化过程中所衍生的城镇管理体制以及承担的相关职能也不完全相同。

美国的政治体制实行由联邦政府、州政府和地方政府三级政府架构。涉及全国性事务的权力均赋予联邦政府，内政方面包括征收全国赋税，举借和偿付国债，铸造和发行货币，管理对外贸易和州际贸易，管理度量衡、邮政，平定内乱，管理国有土地等；国防和外交方面包括建立和保持军队，宣布和进行战争，接纳新州加入联邦，管理国籍，缔结条约和联盟，等等。而由各州保留的则主要是决定和处理本州范围内公共事务的权力，主要包括各州有权征收州税，以州的信用借债，管理州内的各类产业、交通、卫生、教育、福利、救济、治安、教养、一般的民刑案件，设立并监督地方政府，等等。在州政府以下，包括县、市、镇、特别区在内的政府都称为地方政府。这三级政府各有自己的职责和服务范围，相互不重叠，不交叉，不干扰，即使上级政府给予下级政府一定的财政补助，也不会过多干预下级政府的行为，充分体现了分权而治的结构特征。州政府具有较大的自治权，它可以决定自己的教育方式、税收方式、政府结构等。同样，县、城镇一级的政府在行政上与州政府也没有太大的联系，每个地方政府都行使自己的行政职能。

在联邦制下，美国各州可制定自己的州宪法，并在保持共和政体的前提下，有权选择和规定任何形式的政府。现美国各州均实行三权分立的政治体制。如前所述，最初的13个州在建立联邦制之前是各自独立的国家，它们的宪法比联邦宪法更古老。后来由于不断进行领土扩张和拓殖，美国又获得了从北美东海岸到西海岸的大片领土。

这些领土先后作为一个州加入联邦，新州在加入联邦时都必须制定有自己的宪法。无论最初的13个州还是后来加入的各州，其宪法都经过了多次修改，由于吸取联邦宪法的经验和相互借鉴，美国各州宪法在重大问题上大同小异。州宪法一般包括以下内容：序言，权利法案，关于三权分立、州议会、州行政部门和司法系统的条款，地方政府的形式和权力，州宪法修改程序以及有关财政、公司、铁路等具体问题的条款。

虽然各州的地方政府和行政区划体系很不相同，但除康涅狄格州和罗得岛州外，其他各州均设有县（但在路易斯安那州，相当于县的地方行政单位被称做“教区”，在阿拉斯加州被称为“行政区”）。县是美国州以下最普遍、最稳定的地方行政区划。与其他地方单位相比，全国县的数目变化最小，50年来基本没有变化。县的规模、人口各不相同，甚至有的相差甚远，如得克萨斯州的拉温县，居民还不到200人，而加利福尼亚州的洛杉矶县的居民却多达850万人。

县通常是州设立的最大分治区，是州政府为了分散某些职能而设立的“行政附属”单位，县政府充当州政府的代理机构，对境内的市、镇、乡、市镇、村镇和居民行使州所委托的责任和权力。县政府的传统职能均涉及有关全州范围的事务，大体上包括以下几个方面：

(1) 执行法律、维护治安：保存州的有关法律、法令文件和法院记录，记录契据和抵押；追查罪犯、缉拿和逮捕犯人，办理法院手续，送被告到庭受审，传唤证人，提起刑事诉讼；管理警察和监狱；进行道路巡逻，处理交通违章；检验非自然死亡并宣告死亡的原因，登记遗嘱和有关出生、死亡、结婚等的法律性文件；组织选举并报告选举结果，等等。

(2) 管理财政：征集税收，为确定纳税人的税额而估定财产价值，拨款和借款等。

(3) 管理公共事业：如建设和维修公路、桥梁，举办地方慈善事业，等等。

可以看出，美国的县的传统职能主要是根据州的委托执行州法律。而从县的地位看，各地的情况并不相同。在新英格兰地区，康涅狄格州和罗得岛州的县由于逐步丧失政府职能，已于20世纪60年代被撤销；其余4个县的地位也很不重要，县的官员除了管管筑路外就无所事事，有人认为这些县不过是司法管辖区而已。但在其他地区，尤其是南部，县的地位则比较重要，它保留了传统的执法职能，是重要的地方政治、行政和司法单位，有的还承担了某些城市职能。

美国除县和市以外，各州设有更小的行政单位，这些单位的名称各州也不相同，如乡、镇、村镇，等等。即使同一个名称，其实际设立标准、法律地位、行政职能各州也不同。所谓“更小”是就规模而言，在一个县的地域内，可能存在市、镇、乡或村镇；在一个市的范围内，也可能存在县、镇、乡或村镇，因此，美国的行政区划地图好比一幅重叠交错起来的图画。这些行政区域都是州的更小分治单位，是由州政府创设的，而不是由市或县创设的。它们虽然处于某个县或市的地域内，却并不意味着它们在行政上归某个县或市管辖。这些政府独立存在，作为综合职能的地方政府，分别执行各自的职能，如维持治安、保养道路、管理福利等。

当然，联邦政府和州政府以及县、镇政府之间也有一定的衔接关系。例如，联邦政府制定的法律为最高法律，州政府以及地方政府在制定自己的法律时不能与联邦政府法律相违背。地方政府的法律也不能与州政府的相关法律条文相抵触。

一般来说，联邦政府制定的法律标准比较低，并且允许各州、各个地方政府按照当地的实际情况制定高于联邦政府法令标准的相关规定。例如，在环境保护方面，联邦政府制定了一系列的相关标准，而州政府或者地方政府则可以在这个标准之上，结合当地的环境治理情况，制定更加严格的环境保护标准。

前文提到过，美国地方政府特别是市（镇）政府不是由联邦政府和州政府有目的地规划设计和建立的，而是在民众自发的基础上，为满足公众的分散的多样需要而产生的。因为美国政治传统向来认为，最好的政府是离居民最近的政府。所以，美国人多数不愿挤在大城市，纷纷搬到远离大城市的环境优美的地方居住，在大城市（政治、经济中心）的周围或者一个经济圈内形成了众多的小型城市，每个城市都选举产生了自己的市政府，实行自治管理。据联邦人口普查局 2002 年的统计（每 5 年一次），美国共有 187525 个地方政府组织，即 3034 个县政府，19429 个市政府，16504 个镇政府，48558 个特别区政府（其中学校特别区 13506 个）。

二、美国的地方政府职能划分

美国的地方政府根据职能的不同大致可以分为四类：

(一) 县政府，有的地方翻译成郡政府

县级政府是州下边的政府机构。美国县政府的体制各地形式不一，而且组织复杂。一般说来，县政府的组织形式由州议会以法律加以规定，但各州规定的约束力不同。有的州议会通过县法典统一规定本州县政府的组织形式，因此全州县政府的形式整齐划一；有的州则只在县法典中规定县政府的组织通则，因而州内各县的政府形式大同小异；还有的州制定几种不同的县政府组织法，允许各县选民通过投票，根据本县情况自行决定采用其中的一种。

早期的县政府是州政府的派驻机构，仅仅提供一些司法、监狱方面的公务服务。发展到后来，县政府的职能逐渐开始齐全，具有了地方政府的职能。其主要的职能包括：负责远离城市的居民的日常事务；协调城市之间的事务；规划机场、公园；办理各市的用地申请；负责农业和动物保护事务；负责供水、住房（低收入）、治安、消防、通信、道路、图书馆、社会服务等公共事务；负责选举、人事、财产税基评估等。

美国的县政府虽然形式多样，但大多数县不像联邦和州政府那样严格实行三权分立的体制，而是由一个县委员会同时行使立法和行政管理的职能，并且没有设置首席行政长官，而是有若干相互独立的行政官员，因此被称为“委员会制”和“多头行政制”。在这种体制下，县政府一般有以下机构和职位：

1. 县委员会

一般称为专员委员会或管理委员会。委员会的规模一般为3~7人，通常由全县的统一选举产生，在较大的县，委员由各乡、镇或选区产生。县委员会同时掌握立法权和行政权，在有的情况下还执行司法职能，负责执行州的法律、制定本县的预算、征收税款、拨款、以县的名义发行债券、签订合同、监督选举、确定县公共雇员的工资、建筑并维修公路和桥梁、实施和管理联邦、州和县的福利计划。

2. 县行政官员

县有许多行政官员与县委员会共同行使权力并执行县委员会的决定。这些官员多数是分别由选民选举产生，相互独立，各自行使其职权。其中，重要的官员有：

县行政司法长官。除罗得岛州的县行政司法长官由州长任命外，其他各州均由全县选民选举产生，任期通常为 2 年 ~4 年。他们的职责是执法，包括维护法律和秩序、逮捕罪犯、管理监狱、执行法院命令和传票、召集陪审员，在某些地方还协助征税和管理选举。在遇到紧急情况时，县行政司法长官有权召集由本地公民组成的地方团队。

检察官。通常由全县选民选举产生，其职责是帮助大陪审团准备起诉书，在民事诉讼中代表州和县为政府辩护。有权单独决定是否起诉，并负责将罪犯交付法庭审判。

县书记官。约有一半的州内，县设有书记官一职。书记官是县委员会的秘书长，其职责有保存官方记录、登记重要文件、记录重要统计资料、签发许可证和结婚证书、监督选举等。

司库。负责征收税款、掌管县的资金、支付县的债务。

审计官。审查县官员和各部门的账目，审核县资金的开支。

评税官。负责评估征税财产的价值，确定财产所有者应缴纳的税额。

其他行政官员还有验尸官、学监、卫生官、福利官、道路专员等。

美国县体制的另一个弊病就是县的数目太多，规模太小，人口太少。美国的大多数县仍是非都市县，人口多在20万以下，而人口只有2万~5万的县并不少见。最初建县时，是设想设立一个县城，应让该县的所有居民能乘坐四轮马车在一天内到县城办完事后当天赶回家。这种设想显然已经不符合今天的情况，现在一个县要解决的问题比当初复杂得多，县的规模过小，往往不能提供足够的人力和财力来维持一套完备的政府机构，导致县政府的效率低下。

因此，美国有些政治家和学者提出了种种将一些县合并来扩大县的规模的方案，认为这样既可以提高效率，改进服务，又可节约资金。然而，由于种种原因，这些方案实行起来十分困难，至今真正合并的县寥寥无几。

（二）市政府

这种类型的政府是美国最为普遍的地方政府，在美国政治体制中发挥的作用也是最大的。早期的市政府是由新移民们出于自身安全因素而“自行组织起来的联合体”，它的历史要远远早于县政府。

市是一种规模较大的市政自治体，不过多大规模的市政自治体才称为“市”，各州的法律并没有一致的规定。从法律地位上看，市与县都是州的分治区，区别在于它们创设的方式和自治的程度不同。县是由州为行政管理的需要而设立的，根据的是州议会的意愿；市是为了向聚居的居民提供公共服务，根据居民自愿申请、经州特许成立的，是自治结成法人团体的分治区。因此，市享有更多的自治权，有更多的权力处理自己的问题。

具体分析市政府的职能，可将其分为作为国家机关的职能和作为法人团体的职能，或者说政治的职能和社会的职能。作为一级国家机关，市政府的职能是维护政治统治秩序，维持社会治安。这种职能又可以从行政的角度分为两个方面：一是作为州政府的代理和工具，执行州的法律，施行州的计划；二是作为地方政府，在市界内进行管理，维护法律和秩序，保证本市的经济和社会的发展。

市又是市民自愿结成的“市政自治体”，具有法人资格。市政府作为法人团体，执行营业职能：举办市政工程，经营公用事业，提供公共服务，如提供照明和自来水、管理公园和草坪、开办娱乐设施、清除垃圾和回收废物、清扫街道、种植树木，等等。有的市还管理公共墓地，经营公共住宅、会议中心、市办船坞。市政府执行国家机关的职能时若引起纠纷，非经州法律的认可，不得被控诉。但如果执行私的营业职能引起纠纷，则不能豁免诉讼。因此，从职能上看，虽然市和县都是综合职能的地方政府，但总的说来，市要比县为它的市民提供更多的公共服务。

市政府由于大小不同，公共服务的范围也不尽相同。一般来说，较大一点的市的公共服务职能比较齐全，包括有公共安全、消防、交通、公园、城市规划、公众服务、劳动和就业服务、商贸发展、社区发展、娱乐和文化服务、小型企业服务、房屋管理、公共财务管理等事务。一些规模较小的市，由于规模太小，通常不设警察局、消防队等机构，而是将这些职能委托临近的其他较大的市来代管，或者几个规模较小的市联合起来成立一个管理机构，把诸如警察、消防等事务统一管理起来。

（三）乡、镇政府

乡主要是农村地区的政府单位，广泛存在于中西部地区的伊利诺伊、印第安纳、密歇根、威斯康星、明尼苏达、俄亥俄、北达科他、南达科他和中部大西洋沿岸的纽约、宾夕法尼亚、新泽西以及堪萨斯、密苏里、内布拉斯加、华盛顿等 15 个州。但除印第安纳州在全州划乡外，各州设乡的范围有所不同，有的州设乡较普遍，有的州却设乡较少，还有的州让县决定是否设乡。中西部地区的乡通常在城市地区之外，一个典型的乡疆界呈方形，面积为36平方英里。当初之所以这样设计是各州为便于丈量土地进行登记，而划的正方形“国会区”，同时也让人们乘四轮马车只需一小时就可赶到乡政府。

乡政府在其地域内所执行的职能，类似县政府在县界内所执行的职能，这些职能主要涉及道路、福利、教育和执行法律。但乡最重要的活动是修筑和保养道路，一般说来，县的道路由县保养，本地的道路由乡保养。虽然乡太小，经济力量不足，养路效率不高，但乡的居民仍愿意由乡管理他们“家门口”的道路，而不愿意把这项任务移交给县。有的情况下，乡也在州机构的监督下管理和分发福利基金。有的州内，乡还代替学校区作为提供公共教育的主要机构。乡警察负责执行法律、维护治安，但其主要任务是执行乡的交通法规。乡的职能还可能包括防火、执行公共卫生计划、管理娱乐设施和墓地、登记执照、排污、供水等。少数城市化程度较高的乡，也提供类似市政府的服务。显然，乡的许多职能与其他政府尤其是县的职能是重叠和重合的，因此，乡的某些职能被转交给县，尤其是与道路和福利有关的职能。而且，随着乡的人口增加，有的乡被并入市或者结成新的市政自治体，如结为村镇。

镇，英文为town，但词义“十分含混”，虽然美国的官方统计中把镇和乡都归入“乡”一类，但二者实际上是有区别的。在有的州，镇一般是指小型城镇，是由当地居民依照州的法律程序结成的市政自治体。在这样的州，镇与乡的区别是明确的，前者是城市型的自治单位，后者是农村型的行政单位，类似于市与县的区别，而镇的职能和体制与市相仿。在纽约州和威斯康星州，镇就是乡；在明尼苏达州和宾夕法尼亚州，“镇”和“乡”是两个可以互换的词。这些地方镇的职能和体制与乡没有多少不同，因此，对这些镇的情况这里不再详细论述。

（四）特别区

美国的州下边还设立了一种叫“特别区”的行政划分。区是独立的行政管理区域，具有特别的征税权，同时为公众提供特别的服务。特别区的管理机关一般拥有为执行其职能和以特别区的名义和信用征税、借债、开支的权力，也有制定、执行法规的权力，其负责官员由选举或上级政府（通常是州政府）任命产生，因此，在美国的官方统计资料和政治术语中也被当作“地方政府”，享有政府的法律地位。特别区是一种地方自治体，享有法人的权利。

特别区的建立程序和组织结构由各州的法律规定，少数特别区经州议会通过专门法律成立，但大多数情况下由当地居民按一般法律的规定组成。一般说来，建立一个特别区要经过以下三个步骤：首先，倡议人起草一份请愿书在有关的居民中传阅，请愿书应说明所建立特别区的类型和地理范围，获得规定数目的居民的签名或财产所有者的担保。第二步，请愿书应递交给某个政府机关，一般是递交给县委员会。县委员会根据设立该特别区是否必要来决定批准还是拒绝。第三步，若经县委员会同意，一般应就此举行公民投票，如果投票通过，特别区即告成立。

特别区在机构设置和财政来源方面独立于地方政府职能部门，但服务范围和服务领域只局限于某一方面，行使单一的政府职能，如学校、公园、污水处理、供水、停车场、污染处理、民用机场、绿化等方面的服务。

其中，学区就是一种比较普遍的特别区，它是专门负责学校教育工作的政府机构。学区是数目最多、历史最久的一种特别区。早在殖民地时期，学区就出现了，并逐步形成了社区办学、教育管理分权的传统，虽然许多地方学区与乡、镇的疆界重合，但学区独立于普通地方政府，自行管理。过去的半个世纪里，为了使学区更易生存、能够提供较完备的学校设施和较好的教师，许多学区合并成较大的单位，因此，在其他各种特别区的数目迅速增加的同时，学区的数目却大大减少了。尽管如此，学区仍占全部特别区总数的1/3，并在美国的官方统计中单独列项，与其他特别区分开统计。学区的主要职能包括：制定教学任务、大纲，聘任老师，学校管理等。另外，特别区和市镇的管理范围往往不一致，例如学区就往往超越城市行政界线，一般有几个不同的市镇共同组成。特别区不是市镇的派出机构，而是独立行使某项特别服务的机构或者区域。学区设管理委员会进行管理，其名称有学区管理委员会、教育委员会、学区理事会等。城市中少数学区委员会由市长任命，但大多数由区内选民普选产生，经州议会授权实施地方教育计划。委员会人数不等，少则3~5人，多的可达15人，任期3~5年。大多数委员是义务任职，只有少数城市付给委员报酬。委员会独立于当地的地方政府，在州法律和规章的范围内管理预算拨款，处理学校的课程、校舍规格、证书、入学等问题。美国公立中小学教师都是由学区委员会聘用的，学区委员会在雇佣和解雇雇员方面拥有不受限制的自裁权。委员会产生后即雇佣一名专业管理人员为督学，督学负责监督区内的学校行政，在工作人员协助下制定教学计划、决定人事、管理教学中的事务。

三、美国小城镇的主要组织形式

由于美国各个地方的历史背景和发展经历都不大一样，因此，每个市镇的组织形式也不尽相同。但大部分镇都采用新英格兰地区的镇制，实行直接民主制。镇设有镇民大会，是镇的权力机关。镇内每一合格的选民都有权出席镇民大会。镇民大会每年集会一次，称为年会，通常是每年春季举行(有的在其他月份)。必要时可召开临时大会或特别大会，以处理镇内重大的、紧迫的问题。

镇民大会的特别大会由委员会考虑召集，但也有几个州规定经若干镇民或百分之几的镇民请求时即可召开。镇民大会年会的主要职责是：听取镇民请求时即可召开；议决征收各种赋税；决定来年的各种经费；核准必要的借款；选举镇各种官员；为镇政府制定各种规则。镇民大会由镇秘书宣布开会，在出席人中推选议长 1 人为主席，以镇秘书为大会秘书。采取临时推选议长的方法是为了避免镇政府官员操纵会议。镇民大会一经组成，便开始投票选举镇重要官员及讨论表决其他议程。

一般来说，美国的市镇政府的组织形式有以下三种：第一种是行政管理委员会和全市镇大会；第二种是市长——议会制；第三种是议会——经理制。其中，市镇大会和行政管理委员会的行政制度属于古老的大民主管理形式，在美国东北部的新英格兰地区的 6 个州中比较盛行。这种形式比较适用于人口规模较小的小城镇中，例如人口总数在 5 万以下的城镇。一项对美国康涅狄格州市镇政府组织形式的调查结果显示，全州的 169 个市镇中，采取第一种形式的市镇最多，有 109 个，占到了所有市镇的 65%；采取第二种和第三种组织形式的市镇较少，分别占到了 17%和 18%。

行政管理委员会和全市镇大会制度下，市镇的行政管理委员会由当地居民投票选举产生，一般由 3~5 人组成。凡是在本市镇注册的居民或者在该市镇拥有房屋者都具有选举权和被选举权。通过选举产生第一委员和委员会的其他成员。这些委员会成员任期为 3 年。其中，第一委员负责政府的日常工作，全职工作并由财政支付工资，一般称之为市长或者镇长（有时称为镇经理）。其他委员均为兼职工作，不在政府领工资，只有一定数额的车费补助。有的市镇的第一委员是采取轮换制的，由委员会中的委员轮流担当，任期都为1年。行政管理委员会的权力大小由该市镇的宪章规定。为了避免少数人独揽大权，一般第一委员以及委员会成员的权利都非常有限。委员会的主要职责是决定全年的预决算、大项开支、颁布法令等，同时还要组织召开每年两次以上的全市镇大会。全市镇大会是立法机构，它对重大开支项目、征收税种、法令等进行表决。

后两种形式较为相似。由市镇居民选举产生市议会，负责组织和管理市镇公务，通过批准市镇预算，管理市镇财产等。市长由选举产生，并兼任议会主席。市长有权召集议会特别会议，讨论紧急事务。然而，有所区别的是，市长和市议会不负责具体事务的管理，而是另外聘请一名市（镇）经理，由他来作为最高行政长官管理日常行政事务和其他行政人员。市（镇）经理接受议会的领导，一般为行政管理方面的专家或者学者，大多不是本地居民。采取前种组织形式的政府中，镇民代表大会或者镇民大会和镇理事会是决策机构，镇经理是执行机构，具体负责镇的一切行政事务。在有些城市中，市经理的职位也由市长兼任。市经理的职责非常广泛，包括监督法律和各种规章制度的执行，编制年度预算报市议会审议，执行市议会的各种法律案和决议案，任免各行政部门的首长和官员并监督他们的工作，等等。市经理同时向市议会和市长负责，与民选的行政官不同，市长和市议会可以在任何时候解聘城市经理，但市议会不得随意干预市行政事务，市经理对行政事务有最终决定权。

从以上美国小城镇政府的组织形式来看，选民、市（镇）长、议会（或者行政委员会）之间相互协调同时又相互制约，形成了一种比较成熟、合理的治理模式。这种行政组织形式有利于防止官僚主义，对提高政府办事效率以及简化办事程序和规则，提高政府服务效率都有非常重要的作用。

第二节 美国小城镇中政府的职能

由于美国实行分权制度，不同级别的政府所负责的具体事务不尽相同，政府的行政职能也有所不同。联邦政府主要职责是外交、国防、国内经济宏观调控、商务，等等。然而，联邦政府不管学校，也没有“国家警察”，是由州政府负责管理州内的行政事务，例如兴修公路、教育等方面。在这所有级别的政府组织中，地方政府的职能最为完整。目前，美国小城镇中政府的职能主要包括：制定城镇发展规划、市镇公共基础设施建设、市镇公共安全管理、镇区居民公共服务等。

一、制定城镇发展规划

市（镇）政府的第一项职能是结合本市（镇）实际发展情况，为本市（镇）制定长期、近期发展规划，明确市（镇）发展目标，并研究具体实施方案。综合不同的市（镇）制定发展规划的情况来看，一般政府的发展规划主要包括三个方面的内容：土地开发和管理规划、市政建设规划以及经济发展规划。由于每个小城镇的具体情况不一样，发展的重点也不完全一致。小城镇政府在制定市（镇）发展规划时，一般要综合考虑本市（镇）环境的承载能力以及生态循环等多方面因素，以避免在城市的建设中给当地环境带来太大的影响。例如，位于加利福尼亚州的福斯特镇是第一个实施整体规划的小城镇。由于该镇所在的位置受到了电力以及水资源的限制，不能够发展得过于庞大，人口总数需要一定程度的限制和管理。因此，该镇在规划本镇的人口时，将本镇的人口总数限制在3.3万人之内。目前，这个镇的人口还只有2.8万左右。可见，当地政府在规划本市（镇）的长远发展时非常具有前瞻性和务实性。

城镇的建设发展规划一般不是由政府自己设计的。通常情况下，是由市（镇）政府外包给专业设计机构来完成的。专业机构设计出城镇建设发展规划后，还要经过专家的指导咨询，并且要听取当地居民的意见，经过议会和全体居民大会通过后才能实施。城镇的建设规划具有“法律性”，一旦确定下来即成为当地的法律，任何人不得以私人理由拒绝执行。如果违反该条例，将会受到法律的制裁。政府的城镇建设发展规划一般非常注重当地居民的生活习惯并且尽量与当地的地形地貌、自然风光相协调。例如在福斯特镇，为了保证居民的居住环境，政府不仅通过设计机构控制整个镇的建筑风格，并且对住房的格局、每间房居住的人数多少做了相关的限制。另外，政府的城镇建设规划中非常重视环境保护和生态平衡，注重人与自然的和谐相处。福斯特镇上的房屋、街道一般是沿着湖岸而建的，周围风景秀丽，居民别墅群错落有致，把小镇装点得如诗如画。

另外，为了发展当地经济，吸引高新产业来本市（镇）发展，当地政府还通过制定一些优惠政策鼓励资本和技术的引进。例如新布朗士维克镇的就业和经济发展一般来自于小型商业。政府为了帮助私人实现老板梦，会提供一些经商方面的书籍，并且协助私人个体寻找商机以及商业融资。如果一些收入较低的家庭想要创业的话，政府还会提供最少1万美元的贷款。7年间，该镇政府对低收入家庭创业提供贷款的总金额已经超过了100万美元。对中小企业的贷款支持来源主要是由州上的专项拨款建立风险金，一旦中小企业出现风险,市政府与银行将各承担50%。同时，镇政府也正在规划建立学校、培训中心、居民住房、酒店等项目。在这一过程中，镇政府组织招商，并为发展商提供一些优惠政策，如征地等。等发展商开发好之后，政府将这些设施出租，赚取利润后再来偿还中小企业的贷款。同时，镇政府也能从中也获利。

二、城镇公共基础设施建设

城镇公共基础设施是城镇建设的物质载体，是城镇维持经济与社会生活的前提条件，是城镇生存和发展的基础保证，同时也是衡量城镇现代化水平的重要标志。因此，美国小城镇政府在城镇建设中非常重视基础设施建设。

美国小城镇建设中基础设施建设主要包括：城镇对外交通和道路设施建设、供水和排水设施建设、电力和通讯设施建设以及居民住宅和教育、商贸、医疗机构的建设。

在美国，大部分土地是归私人所有的。如果私人无法在自己的土地上实施建设，他可以将土地转卖给镇政府，再由镇政府统一出售给其他公司。政府从转卖土地中的盈利将用于本镇的基础设施建设。政府拥有的土地则可以用于公共设施的建设，例如建设医院或者公园。另外，政府也可以将这些土地出租给私人单位，例如出租给一个公司发展高尔夫球场，这样政府也可以得到一定的收入。

城镇的公共基础设施建设一般由当地政府出资兴办，而政府的资金来源主要是靠税收和一些其他的经营性收入（例如上文提到的几种方式）。在税源上，市镇政府主要是靠财产税。这是因为在美国的分权制度下，收入的所得税由联邦政府负责征收，消费税交给了州政府，市镇政府只有权征收财产税。市镇政府为了维持收支平衡，非常重视财（税）源建设，在发展规划上非常注重建设一些对地方税收有利的项目或设施，例如房地产开发、购物中心、汽车城、高尔夫球场、跑马场等。此外，有的政府还征收一部分的管理费用，例如垃圾处理费等，这部分费用也作为城镇的财政收入投入到公共基础设施建设领域。

小城镇的基础设施建设除了政府出资兴办之外，还有一些其他的方式。在一些城镇里，有些公共设施是由私人捐赠的。例如，斯福特镇原来就是一个私人农场，后来由私人捐赠出来作为了镇上的公共场地。还有一些城镇在与开发商谈判时要求对方在开发以后贡献一个公共设施，比如说贡献出消防设施等。也有私人与城镇政府合作建设，共同提供公共基础设施的情况。在资金方面，除了政府的财政支出外，有的小城镇选择发行公共债券筹集资金。这主要用于工程较大、资金要求多、工程周期长的项目中。例如，美国麻省的鹿岛污水处理厂总投资额就达到了38亿美元，在资金筹备中，有10亿美元的资金源自公共债券。

三、市镇公共安全管理

美国小城镇政府的职能中一个很重要的内容就是维护市镇公共安全。为了维护当地社会治安，加强公共安全管理，市镇政府普遍设立有公共安全管理部门、突出警察和消防机构。有些小城镇由于刚刚兴建或者人口规模较小，单独设立公共安全管理机构的成本相对来说有些不划算，因此，这些小城镇政府选择与周边城镇合办警察局、消防队或者委托县级的警察局托管等方式，从而共享这些公共安全管理设施，达到维护公共安全的目的。

美国的治安系统分为三级：联邦警察、州警察以及市镇警察。这三级警察分别隶属三级不同的政府机构，工作服装以及标识都不一样。他们的任务都是维持公共安全，在业务上相互联系。在警察局内部，尽管有具体业务的分工，但是警察之间没有警种的区分。一名警察可以管理的事务包括社会治安、刑事案件、民事纠纷、交通安全、居民救援等。警察在街道执勤时若发现以上情况都可以参与处理。这三级警察中，最庞大以及最重要的组成部分就要数市镇警察了。市镇警察机构属于美国的专业警察机构,约占美国警察机构总数的75%,正式的警务人员占全部公务人员的60%以上。每4个职业警察中有3个就是市镇警察。

在20世纪80年代以前，美国警察实行的是专业化的警务战略，强调警务工作的职业化、专门化。从六七十年代以后，由于治安环境的恶化，犯罪率的上升，美国的一些警务专家开始提出“社区警务”的概念。目前，在美国的小城镇中，“社区警务”已经比较盛行。“社区警务”的核心是：根据社区的需要定位警务工作，通过与社区建立伙伴关系共同解决社区问题，从而达到有效维护社会治安，提高社区居民生活质量的目的。“社区警务”建立后，当地警署会加大社区巡逻的力度，并且对巡逻的方式和职责作重大调整。除了继续保留机动车巡逻外，更多的采用徒步巡逻和自行车巡逻，有的城镇警署还规定警务人员骑马巡逻，以增进市民的安全感和警察的亲和力，方便市民与警察沟通。此外，在美国的小城镇中，有的城镇警署还招收一定数量的志愿者加入到警察的巡逻队伍中。通常情况下，市民志愿者需要经过10个星期左右的专门培训后才能上岗工作。志愿者可以穿着专门的警务工作服（不是警服而且不能佩戴枪支）上街巡逻，发现情况，及时向警署报告，由职业警察负责处理。

四、城镇社区服务建设

美国小城镇政府还有一个重要的职能就是社区服务，主要包括市镇居民的社会保障和社会福利方面的工作。社会保障是指政府和社会依据一定的法律和规定，对公民在年老、疾病、伤残、失业、生育、死亡、遭受灾害、面临生活困难时给予物质帮助，以保障公民基本生活需要的社会安全制度。社区服务工作有利于帮助社会社区成员中的弱者和困难者，有利于缩小贫富差距，缓解社会矛盾，消除社会成员之间的不安全感，同时也有利于提高社区成员的生活质量，促进社会发展。

美国的社会安全福利制度是美国人民广泛接受的一项福利制度，目前已经成为美国人民生活中非常重要的一个组成部分。该制度创立于1953年，主要由美国联邦政府卫生教育福利部主持。美国的社会福利主要包括：①养老金。美国规定的退休年龄是65岁，但一般均可在62岁提前退休，并提前领取养老金支票，其家属也可得到适当补助。养老金的多少主要根据领取者历年缴税的情况、过去工资收入和抚养人数多寡来决定。年老退休后，如果又恢复工作或者65岁后延迟退休，他的养老金将有所增加。例如65岁后仍然工作，退休后养老金可增加3%。不过所增加的养老金只给本人，家属的福利金不会增加。需要领取养老金的人，要在退休前3个月到当地的社会安全局申请。正式退休后的当月就会收到养老金支票。②伤残福利金。美国能够获得残废保障的对象包括65岁以下的残废者及其家人。如果22岁以前成为残废，其父母或祖父母也可领到残废金。如果退休后残废，可以申请不领养老金而改领伤残金，数额比前者多。美国社会福利单位规定，凡不能从事工作的人、患病在12个月以上还不能工作的人都有资格领取伤残福利金。盲人、聋哑人、癌症患者、心血管病患者自然有资格领取伤残金，甚至营养不良、贫血、身体虚弱也可申请领伤残金，当然这要经过医生的严格诊断。发放伤残福利金同其他各种福利不同之处在于享受伤残福利的人必须参加过工作，从来没工作过的人没资格领取伤残金。根据伤残者年龄不同，要求的工作年限也不同。如24岁受伤残废，要有一年半的工作资历；31~42 岁的人，要有 5 年的工作资历；51 岁的人要有 7 年半的工作资历；62 岁以上的人则至少要有10 年工作资历。③联邦保健。联邦保健是美国福利中最受人欢迎的一项。它分为医院保险和医疗保险，主要目的是帮助 65 岁以上的老年人及 65 岁以下的伤残人应付治疗和健康护理的昂贵费用。医院保险是帮助病人支付住院费用和此后的护理费用；医疗保险则是用来帮助病人支付医院门诊费用和医生服务费用等。美国的医疗保险费用有1/3 以上是由联邦政府从普通税收中拨付，其余部分则由够年龄的人自己按月交纳保险金，只不过这种保险费要少一些。领取养老金的人每月保险费从养老金中扣除。④粮食券。美国虽然物质文明比较发达，但仍有许多人因失业或丧失工作能力而入不敷出。美国各地专门设有发放粮食券的机构，便是为了解决一般贫民吃饭的问题。凡是收入低微不足以糊口的居民，都有资格向该机构申领粮食券。申领粮食券的人要亲自到办事处出示个人收入证和银行存折等。批准申请后，10 日内就可收到一份可以兑换粮食券的卡片，上面注有申请人应得的金额，可以凭卡片到粮食券兑换处按月领取正式的粮食券。

在美国的小城镇上，社会福利方面的问题主要由联邦政府和州政府进行管理。但是，联邦政府和州政府并不直接参与管理，而是委托一些私人的机构进行管理。联邦政府以及州政府会拨付一定的资金用于社会福利服务。然而，联邦政府以及州政府采取的方式是“政府给 10 元钱，让服务机构做 20 元的事”。服务机构之间的竞争是公开的，任何一个注册的非营利机构都可以竞争该项业务。因此，政府拨付的资金往往不足，以便让服务机构展开竞争，自行寻找配套资金。另外，政府机构还要对这些提供福利服务的私人机构进行监督和审查，例如每年都要进行相关的资格审核，如果不符合联邦或者州政府的相关规定，其机构将被撤销服务资格。例如美国的鲁斯伯里市的丁梅克社区医院中心是一个非营利机构，机构设立有健康中心、医疗服务、心理咨询、儿童家庭服务中心等部门。该中心通过向政府申请经费，得到了联邦政府、州政府以及地方政府的资金支持。中心的经费来源中大约60%来自于政府的拨款，其余不足的部分通过向患者收取费用来获取。

除了社会保障和社会福利服务之外，美国小城镇政府还提供了很多种类的社会服务。例如，美国的小城镇政府会定期组织大学生进行社区服务，帮助社区里那些生活困难的成员。另外，在教育、医疗等领域，市镇政府有时也提供相关的服务。在美国，教育等公共服务是同地方政府职能和机构分开来的。州政府一般设立有教育和卫生部门，而这些服务是独立于市镇政府之外运作的。然而，有的市镇也自己出资，或与私人合资兴办学校或者医疗结构。这些机构不由政府直接经营和管理，而由州内的主管部门（如学区）负责管理。

第三节　美国小城镇的财政体系

一、美国财政税制概述

美国的税收制度是与政治体制相适应的。美国是由联邦政府、50 个州政府、哥伦比亚特区和 8 万多个市、县、镇、学区等地方政府组成的联邦国家。因此，美国的财政税收也实行联邦、州、地方三级相对独立的财税体制。三级政府各有各的财政收入和财政开支。不同政府之间的权力和责任各有侧重，职能相互交叉，互为补充。

美国实行的是一种充分对立的分税制模式。联邦政府和州政府各自拥有独立的税收立法权、管理权和征收权。联邦政府主要征收个人所得税、公司所得税、社会保险税、关税等。州政府的税源主要以销售税为主，这项税收占全部税收的接近一半左右。如居民购买商品除了要按商品价格支付价款外，还要支付一部分税款，这部分一般称为价外税。这部分税金和商品价格合在一起打在发票上由顾客支付。美国的州政府具有独立的税收立法权，因此每个州的消费税率都不尽相同，相差大概6%~8%左右。有的州在联邦规定的个人所得税税率之外，也加收一定比例的个人收入所得税，税率一般为4%左右。地方政府主要以财产税和收取各种公共设施的使用费作为财政收入的主要来源。其中，财产税占全部税收的74%。财产税的征收范围主要包括居民住房、汽车、建筑物、机械设备、土地等。农业用地征税较低，税率按照所耕种的不同作物或者养殖的品种不同而有所变化。各个市镇之间的税率也有所不同，差异大概在2%左右。有的市镇还会规定居民财产税率的最高征收限额。此外，一些地方政府还通过立法对一些遗产、交易行为征收相关税收。由于财产税的征收工作任务较大，所以每个市镇都设立有专门的资产评估和登记机构。美国法律规定了财产税率每隔10年进行一次调整，实际上，美国居民的财产增减每年都要输入电脑系统进行备份和调整，因此，美国居民的财产情况透明度较高。另外，小城镇政府除了征收财产税之外，还会通过兴办各种公共设施，并收取使用费的形式补贴财政收入（例如将公共场所出租给私人经营、管理）。另外，政府还会适当地征收一些管理费用，例如垃圾处理费、路灯照明管理费用、草坪修建等。同时，有的州会按照小城镇人口的数量给予一定数额的财政补贴在征税范围上。

美国的小城镇一般都会设有地方财政机构。财政局下设有采购科、审计员办公室、估价员办公室以及出纳员办公室。其中审计员办公室的主要职责是：负责财务的运作和控制，向议会和镇民汇报财务工作；对政府各部门财务收支和政府承包合同进行审计；负责财务制度的制作，建立不同部门的财务管理制度；对全镇公务员支付工资；管理财务预算，负责全镇财务预算及预算技术方面的问题。

同时，镇委员会为了处理财政问题以及拟定财政计划，还专门成立了财政委员会或预算委员会。委员会委员人数从数人到数十人不等。每年，委员会根据审计办提供的收入预测提出下年的预算数，交给预算委员会制定预算原则，再由预算委员会和镇委员会举行公开听证会，使各机构和群众有机会提出意见。根据听证会调整后的预算由预算委员会交镇委员会，最后镇民大会投票通过，由委员会主席签字执行。预算通过之后必须坚决执行，镇委员会委员只是预算的执行官。为了使预算科学可行，审计员办公室每年要用 7 个月的时间作预算。预算委员会的主要任务是与镇及学校官员磋商并在举行公开的听证会后修订第二年度财政预算，以便分别提交镇民大会及学区大会。财政委员会的地位比较重要，它所编制的预算镇民大会固然可以审核，但只能削弱数目或减少项目，但不能增加项目或增加数额。

镇民缴纳税费的渠道一般有三种。第一种是通过网络直接从银行转账缴纳各种税费。美国电子化程度比较高，网络比较普及。通过电脑网上缴费的方式快捷、便利，省去了现场缴费所花费的时间，因此很多人愿意选择这种方式缴费。当然，镇民也可以选择到镇缴税大厅或者银行代办点缴纳税费，比如电话费、水费、电话等。第三，镇民可以在镇公务人员向镇民提供服务项目时顺便缴纳各种需要的费用，例如办理出生证、结婚证、死亡证、养狗证等的工本费、临时停车费、钓鱼费等。

由于各种税费都是经过镇民大会讨论表决通过的，所以镇民通常都能自觉地缴纳各种税费。遇到有损自己利益的情况，可以上诉到诉讼委员会，诉讼委员会定期召开大会讨论由镇民提出的各种情况。经过协商调解，若双方能够接受调解的结果，那就按照条件的结果办理；若镇民不能接受调解结果，那只能上诉到地方法院，等候法院的判决，这种情况虽然也存在，但往往很少发生。

在财政支出方面，三级政府的职责较为明确。联邦政府主要承担国防、发展对外关系、保持经济稳定发展以及支持社会发展和保持社会稳定等方面的职责。州政府财政的主要职责是：促进本州的经济发展和提高本州的竞争力；收入再分配，如救助穷人；提供本州范围内的公共服务，如警察和消防等；发展教育等。州财政具体的支出项目包括：基础教育、公路建设、公共福利、医疗保健、公用事业(主要有警察、消防、水电及煤气供应)、对劳动能力缺陷或丧失者提供最低收入保障、州政府支出、州债务的利息支出等。

地方政府的财政预算对本年度的财政收支已经有了一个初步详细的规划，对收入的渠道和资金量有了一个初步科学的评估，对支出的方向及每个方向所需的款额也进行了一定的前期设计，总之既要做到保持每个财政年度的收支平衡，又要促使镇经济持续增长，同时还要确保镇民生活水平的提高。

地方政府的主要财政职责是提供本地区受益的项目。由于美国州与地方之间相对集权，所以地方政府收入来源比较有限，主要依靠财产税。一般提供以警察、消防、水电煤气供应为主的公共服务。而经济发展和基础设施建设通常由联邦和州政府的专项拨款解决。具体支出项目包括:一般行政经费、基础教育、健康服务、治安消防、道路交通、公用设施、家庭和社区服务等。

美国的财政年度是以每年的 7 月 1 日至下年度 6 月 30 日为

一个期间。年度预算遵循以收定支、收支平衡的原则编制。财政收入预算的编制，首先要确定小城镇必要支出和居民承受能力的平衡点，如果一个小城镇由于种种原因需要增加财政收入，那就得提高税费的收缴，这样做可能会招致本镇居民的不满，甚至有些居民会迁出该镇到税收较低的镇去居住，但如果税收过低的话，小城镇政府就可能无力做好本镇的社会治安、公共事业、环境卫生等工作，人们也将不愿意在此居住。

二、美国小城镇收支管理实例

美国小城镇的收支预算管理严格规范，县市政府管理既公开透明，又分工简洁明了，其核心是职务的聘任制和民选的公开监督机制。下面以莫洛维亚市为例，来分析美国小城镇政府的财政收支情况。莫洛维亚市位于美国东海岸，隶属美国洛杉矶县。该市（镇）总人口约 4 万人，共有 13000 多个家庭，就业人口总数近 2 万人。其中，在人口的就业分布中，从事制造业的占 39.3%，零售批发业的占 21.7%，商业占 8.6%，其他服务业占 13%，其他就业占 17.4%。全镇面积总共 13.73 平方英里，共有 1750 个营业场所，其中工业制造业近 200 个。

莫洛维亚市的组织机构是由选民通过选举产生的城市委员会（也称市议会），其中有一个市长，一个市长经理（也可称市长助理），三个委员；另外选举一个会计、一个书记员。城市委员会主席或称为议长，即是市长。该市的市长在位时间较长，资历比较老，同时又是洛杉矶地区市长联盟的主席，还是加州城市协会常务理事，对州、县的政府事务有较强的影响力，他本人也热心于为当地民众服务，故深得当地民众人心。

选举产生的市长、委员、董事等成员基本不拿工资，定期开会、商议重大事项是尽义务，只有市长每月有 500 美元的补贴。

城市委员会聘任城市经理或称执行董事长，由其负责 7 个部门组成城市开发代理董事会：行政办、社区发展办、社区服务、消防、人才资源和风险管理、警察局、公共事务等。由城市经理聘任各部门负责人，所有行政人员共 35 人。

在莫洛维亚市 2000 年 ~2001 年的财政收支中，收入共分为 9 个部分，分别是：储存占 6.05%，联邦和州财政转移支付占 14.11%，其他占 1.66%，批件手续费和服务性收费占 3.37%，周转和管理占 3.17%，财产税占 39.06%，所得税占 29.7%，其他税占 2%，网络传输占 0.87%。在支出方面共有 8 个部分：公共事务工作开支占 29%，社区发展事业单位占 8%，图书馆、信息库占 3%，公共服务占 4%，消防占 15%，警察局 29%，财务、咨询机构占 3%，行政开支占 7%。从财政收入上看，市的主要收入来源是财产税和所得税的征收，分别占到了 39.06% 和 29.7%。因此，市政府为了扩大税源，在规划和设计方面也常常注重发展一些能够扩大本地财产税和所得税征收税源的项目。从财政支出看，治安和警务工作占据了很大的一部分。另外，可以看出，有关公共事务工作的开支基本相当于公共服务事业收费，而社区发展事业单位的开支基本来自上级的转移支付，可见这部分人员的机构开支不在行政开支之列。另外，城镇居民对政府决策有相当大的影响力，重大事项必须经过市镇大会上市民的同意。没有民众的表态，无论是城市经理，还是市长，都无权单独决定。例如，该城市还有不少闲置空地，市政府曾想利用起来，结果在征求意见时，民众表示反对开发利用，认为不如作为天然绿地提高本城的环境水平，从而使整个城市形象改观，达到当地房地产增值的目的。民众认为，为了改善环境，即使让他们增加赋税和交费都心甘情愿，因此市政府的方案未能实施。

第四节　美国小城镇的人口管理

美国的小城镇在人口管理上与我国有所不同。在我国，目前实行的还是城乡隔离的二元结构，实行户籍管理制度。在美国没有所谓的户籍制度,20 世纪 30 年代成立社会安全管理局(SSA)后，联邦政府规定，所有合法公民和居民必须持有有效社会安全证。

社会安全管理局给每位申领者颁发一个社会安全号，并以此作为每个公民的标示。美国公民在出生之日起就可以申请一个固定的社会安全号码。这个社会安全号码是每个美国公民的标志，在美国定期居住一段时间的外国人也可以申请这种社会安全号码。这个号码一旦产生，就将伴随申请人的一生。无论是上学(包括小学、中学、大学)、就业、办理保险、开设银行账户、申请信用卡、购买房屋以及汽车、申请用水用电、安装电话等，几乎都离不开这个社会安全号码。

社会安全号码主要是为了缴纳税金以及领取社会养老金之用，一般由联邦政府负责发放和管理。此号由 9 位数字组成。前 3 位与首次申领时居住地的邮编有关；最后 4 位数签发时按数序排列，即从 0000 至 9999；中间 2 位数为组合数字，签发时不连贯，分奇数组合和偶数组合（02 至其余偶数；01 至其余奇数)。组合数字分配给各州。

社会安全号码最初是美国公民获得社会保障的依据，但现在实际上已经成为美国各级政府对公民实施档案性调查管理的一种手段，其特点就是快捷、方便、全面、无地域性限制。

比如，某个美国公民违反交通规则或者肇事，警方通过电脑键入其社会安全号码或驾驶执照号码，即可迅速地查明该公民的姓名、年龄、工作单位、居住地点以及之前是否有过类似违反交通规则的不良记录。通过这种方法,当事人的情况便可一目了然。

有关部门可以根据社会安全号码提供的相关信息迅速作出判断并给予相应的处罚。这样一来，工作效率大为提高。从管理角度讲，小城镇政府在履行公务时工作效率也会得到提高，城镇人口管理也更加方便。例如，如果当地某个居民拖欠房屋租金，或者欠缴电话费、水电费，偷逃税金的话，当地政府就可以通过一定的渠道，将该居民的这种不良行为输入其社会安全号码之下。这样，该居民就有了“信誉不良”的记录。以后，如果该居民搬家到别的地方，在他选择购买房屋、汽车或者申请银行卡等行为时就会遇到很多麻烦。这种机制下，很少有人敢于做出偷逃税金或者欠缴费用等类似的行为。

同时，美国居民的社会安全号码是严格保密的。只有政府和有关部门或者专门管理部门有权调阅电脑档案资料，一般公民无法调阅他人的档案资料信息。

另外，在美国一般居民通常不用社会安全号码来表明身份，而是用驾驶执照来作为证明自己的身份。由于在美国汽车比较普及，美国成年人中大多数都开车工作，日常生活中也离不开汽车,而且驾驶执照上有本人的近期照片、家庭住址、出生日期等。

如果家庭迁出本州的话，需要到所迁移的州内办理更换驾照手续。更换后住址以及其他信息都会及时得到更新，同时，迁移后当地州政府都要考察当事人的以前纳税情况，所以，美国各州以及地方政府一般都能较详细地了解到居民的居住以及迁移情况。

第五节 美国小城镇的选举

选举制度是美国政治制度中的一个重要方面。在美国，各级立法和行政部门普遍实行选任制，从联邦的总统、国会议员、各州州长、州议员以及某些主要行政官员，到地方的大多数公共职位，例如美国小城镇的镇长、委员会，大多都是通过不同形式的选举产生的。据统计，每一年，在美国全国有近百万个公职是由选举产生的，全国各地要举行约 13 万次选举，而每个公民参加的投票少则两三次，多则七八次。

然而，美国并非从建国伊始就出现了公民自由、普遍的选举，而是经过几代美国人民的长期斗争，直到 20 世纪 70 年代后才最终实现了公民的普选权。如今只要拥有美国国籍（有些州、镇要求在本地拥有财产）年满 18 周岁便能参加投票登记，而对投票人的性别、种族、财产状况和文化程度不做要求。如果由于某种原因不能参加投票登记，投票人需要提前提供医疗或者其他证明来说明自己缺席的原因，经过审核批准后方可不参加投票登记。

在美国小城镇的选举中，选举活动一般分成两个区域：一是投票区，一切选举都是在投票区进行选民登记，按照投票区投票。二是选举区，即选举镇议院的区域。一般情况下，国会选区、州议会选区和市镇议员的选区是一致的。在同一个选区的所有参选人所持选票中，国会议员、州议员以及市镇议员有时候可能同时出现。通常一个市镇将被划分为若干个选区，每个选区选出固定人数的镇民代表，任期一般为 2~3 年，他们将代表所有镇民的权力参加镇民大会并拥有投票表决权。其他镇民也可以参加旁听、发言和讨论。在选举镇民代表的同时，对由镇委员会和不同党派提名的委员会新候选人也进行投票表决。最后汇总所有选区的投票结果，依照选票的多少依次加以确认。对选举总统、联邦议员、州议员和市镇议员，同样在这些分区内有条不紊地进行。

第六节 美国小城镇的行政过程

一般来说，镇政府处在为镇民提供公共服务的第一线，从基础设施的建设及管理到对环境的保护，从文化、教育、卫生、体育到社会保障和社会治安等，承担着为企业生产和居民生活提供多方面服务的职能。

镇政府尽可能发挥市场在提供公共服务中的基础性作用，也是美国地方政府在提供公共服务运行机制方面的显著特征。根据这样的指导思想，在市镇向镇民提供公共服务方面始终遵循下列原则：能由私人企业通过市场机制来提供的公共服务，尽量让私人企业来提供，政府在税收等方面予以减免，以降低价格，并对产品和服务的标准进行监督；对一部分公益性较强、不能完全采用市场机制的公共服务，实行招标制，让私营企业、公营企业在投票和经营中相互竞争，政府也在税收、服务标准等方面分别予以扶助和监督；少数适宜由公营企业提供的公共服务，则通过董事会制、监事会制、经理负责制等企业制度以及消费者的意见反馈和政府职能部门的检查、监督，促使其提高产品和服务的质量，降低成本。

正是由于竞争，办事效率才得以提高，才迫使公营的或私营的垄断组织对顾客的需要作出反应。这也正是“以人为本”所要追求的。

在美国的很多小镇里，许多公共事务并不全由地方政府来管理，而是由各种社会团体分担负责。其中与政府有关的组织团体有：公共建设工程委员会、地区计划开发委员会、预算委员会、公共安全委员会、洪水控制委员会、街道和灯具委员会等；与政府关系不大但有较大社会影响的社会团体有：商会、制造商协会、小企业和独立企业理事会、劳联—产联、农业社联合会、保护野生动物联合会、环境保护基金会等。

政府团体所能处理的事务是有限的，因此在许多方面就需要社会团体分担地方公共事务，如商会受政府委托督促企业执行产品和服务的某些标准，民间的环保组织监督企业防治污染，教师协会组织培训师资、协助学校招聘教师，教会组织发起慈善事业，志愿者组织开展社区服务充分调动公民积极参与志愿者服务项目。镇委员会在整个过程中起到监督与协调的作用，政府各专门委员会一般都由镇委员会委员在其中任主要职务(镇委员会委员一般都是某一方面专业人士)，处理各种该委员会服务范围内的事。其他一些地方事务就由社会团体负责完成。

各专门委员会和社会团体把完成结果及过程中所出现的问题反馈到镇委员会，镇委员会就可以讨论与协商解决问题的办法来进行协商和解决。一个良性循环就这样形成了，不过一切都要以法律法规为准绳，依法办事。

第七节　美国小城镇的自治

美国的小城镇还有一大特色就是民主自治。自治制度是美国地方政府制度的核心，也是美国地方政府组织形式多样化的重要原因。美国小城镇的自治包括有四个方面的含义，即民主选举、民主决策、民主管理以及民主监督。

首先,美国的小城镇的市政领导(镇长、市长等)是通过全体镇民大会选举产生的，凡是在本市镇注册的居民或者在该市镇拥有房屋者都具有选举权和被选举权。经选举产生的镇长要为全体镇民负责。镇民代表大会或者镇民大会和镇理事会是决策机构，关于本镇发展、建设的重大决议都要通过镇民代表大会或者管理委员会表决通过。同时，在实施的时候还要接受镇民的监督。

另外，美国的小城镇还拥有本镇的“宪法”。美国的小城镇的自治可以选择在所在州的法律下进行，也可以自己制定“宪法”，即关于本镇镇民权利、义务以及本镇政府形式的法律条文。小城镇如果要自己制定宪章或者修改宪章，首先要成立制定或者修改宪章委员会。委员会由本镇居民组成，然后提交一份关于应采取的政府形式的报告，再进行全体镇民投票。在讨论会上，所有镇民都可以发表自己的见解和意见。

宪章授予市镇行政机构以市或者镇的名义来行使权力，规定所有居住在本镇的居民或者在本镇拥有房屋的居民在政治上和组织上都是本市镇的成员，享有和行使永久的、连续的义务和权利。实际上这就是美国小城镇的“宪法”。市镇上的律师将会公布经过全体市民审议的法令或决议，并代表市镇处理法律事务。

同时，在小城镇成立时，也必须先经过全体市民的同意方可成立市政府。另外，美国地方政府之间是高度自治的，相互之间没有隶属关系。尽管县政府管理的地域可能比较大，辖区内可能包含了若干个市、镇或者特别区，但是县政府与市镇政府之间并没有所谓的隶属关系，县政府和市镇政府之间地位平等。在管理地区事务上时，也有各自的领域。在涉及到政府间的利益时，常常有分工也有合作。

美国小城镇逸闻趣事摘编　2

永远搞不清楚时间的美国小城镇

与我国采取的统一时区——北京时间有所不同，在美国并没有统一的时区，全国也没有统一的时间标准，而是把全国按照地理区域划分为六个时区。

这样设置时区的方式产生了一个很有趣的现象：一个小镇竟有两种时间！

位于美国东部印第安纳州的“圣诞老人镇”因其独特的名字而闻名世界。在这个小镇里有两种时间，经常是女儿上学按照中部时间，爸爸上班按照东部时间，小镇自己也永远搞不清楚时间究竟是哪个对。

原来，这个小镇恰好横跨美国两大时区，根据美国时区的设置，这个弹丸之地便同时产生了两种时间，很多时候就连当地居民也搞不清楚现在到底是几点！目前这个小镇共有2000多人，美国的两大时区——中部时间和东部时间恰好从小镇中央穿过，当地的市政厅、学校和邮政局都被划分到中部时间（当地称“慢时间”），而小镇的诊所、木材厂则被划分到了东部时区（当地称“快时间”）。当房地产经纪公司的时钟显示为上午9时的时候，杂货店的时钟却显示为上午8时！圣诞老人镇女邮政局长玛丽娅·巴巴奇无奈地表示：“你一定在为这些复杂的时间犯迷糊吧？其实我们也被搞糊涂了。我多希望全家人拥有同一个作息时间呀。”巴巴奇说，她家里摆了两个闹钟：一个设置为中部时间，专门为女儿上学准备，另一个设置为东部时间，专为丈夫上班准备。

很多来“圣诞老人镇”的游客都会感到非常奇怪，因为当他们询问当地人时间的时候得到的往往是五花八门的回答。

更为让人头疼的是，在整个印第安纳州，竟有三种时间同时并存———中部时间、东部时间、夏令时间！如此一来，不要说初来乍到的外乡游客，就连当地土生土长的本地居民也被搞得晕头转向。原来，印第安纳州目前总共92个县中大多数实行的是东部时间，与纽约市和华盛顿特区同步。但是与美国其他大多数地区不同的是，这些实行东部时间的县多数拒绝实行夏令时。因此每当夏季来临，当全体美国人将时钟拨快1小时之时，这些县便自然“滞后”了。

第三章 美国土地管理政策与小城镇建设规划

第一节 美国土地管理的历史回顾

国土资源是一个国家重要的自然资源，国土资源的保护和开发利用直接关系到国家经济安全和社会稳定，关系到整个社会的可持续性发展。美国在城镇建设中的土地规划利用历史由来已久，也在不断的实践摸索中积累了丰富的经验，目前已经形成了一套比较成熟的城市规划和土地利用体制。然而，美国现行的国土资源管理体制并非一日形成的，而是经历了粗放式管理、协调过渡才逐步完善和发展起来的。

美国国土资源管理的历史已经很长了，最早可以追溯到1785年。美国在这一年制定了历史上的第一个土地法令，从此拉开了美国国土资源管理的序幕。土地法令颁布的时间甚至比美国联邦宪法颁布的时间还要早，可见美国对国土资源管理的重视程度。

后来，联邦宪法颁布以后，对国土资源管理又作了进一步的规定，其中第四条规定“国会有权处置合众国之属地中的其他产业，并制定有关这些属地及产业的一切必要的法规和章则”。根据这一条规定，联邦政府垄断了土地的处置权。

同时，国会又颁布了一系列的土地法令，对国土资源管理的具体方式作了规定。除了联邦立法之外，每个州以及地方城市也通过立法的形式对国土资源管理的方方面面作了不同的规定，形成了纵横交错的国土资源管理法律体系。该法律体系随着经济社会的不断发展而完善，目前已成为比较成熟的一种管理体系，有效地管理着美国的国土资源。纵观美国的国土资源管理历史，大致可以分为以下三个阶段：

第一阶段：粗放式管理阶段（1850 年 ~1930 年）

在 19 世纪中期，美国出现“淘金热”，狂热的人群蜂拥来到荒蛮的美国西部，试图寻找传说中的黄金。在此期间，美国政府颁布实施了一系列的政府管理指南，其中包括开放获得的公共土地，规定谁先发现、谁先定居谁就先获得该处的矿产开发权。政府甚至还规定私人可以在西部开发水资源。至于公园、纪念馆、森林和名胜区，则涉及服务于公共利益，作为娱乐、野生动物栖息地和自然公园保护起来。

在这一阶段近百年的资源开发管理过程中，国土资源管理的原则表现在四个方面：①自然资源开发对国家的经济力量和安全至关重要。在任何情况下，国家在钢铁、铜、锌等金属的生产方面能自给自足；石油、天然气、煤及水电的储备能使其保证经济上的独立和军事上的安全。西部地区的水资源开发和保护可以促进西部农业经济的发展，并能使之与中西部地区以及东部相竞争。②要合理的调节公共和私人利益的竞争，刺激私人企业开发关键资源。③优化资源配置，国土资源要在市场上自由流通。④国土资源的多用途利用可以带来更大的公共和私人利益。

美国在这一阶段实施粗放式的管理政策，主要是为了工业化的发展，因此才鼓励私人随意开采，政府一般不加以干涉。这种政策有利于提高私人部门的工作积极性，也有利于提高国土资源的供给量和利用率。然而，这种粗放式的方式却也留下了很多不利的方面，例如过度的开采利用破坏了当地的自然生态环境，造成很多野生动植物濒临灭绝。后来，人们逐渐认识到资源开发和环境保护之间的重要性，开始对国土资源开发实施新的修正。

第二阶段：协调过渡阶段（1930 年 ~1960 年）

1930 年前后，美国的爆发了有史以来最为严重的经济危机。美国的经济瞬间跌到低谷，工业、农业一蹶不振。此时，人们开始反思以前粗放式管理模式的弊端。政府也开始审议国土资源管理的修正案，采取了一系列法规措施来加以限制。过去已经批准的石油、天然气开采和水资源计划照常进行，但政府更加重视垦复和水资源权和采矿地的记录，并对土地的优化利用进行分类，同时开始回顾资源开发中的失察、随意和专断行为，采用一系列措施来刺激多用途利用，采用购买、没收、交换方式来优先保护公共土地。

1960 年进行的土地分类和政策评估总结了过去政策的利弊，采取了改正的措施，并为今后的方向提供了指导性意见。公共土地法评估委员会在全面回顾公共土地法历史经验的基础上，提出了 143 条建议，并于 1976 年颁布了《联邦土地政策和管理法》。其最重要的经验是注意保护按照法律程序所获得的权益，维护有关机构的合法控制权，保护过去和未来的投资。这反映出美国正在从早先的粗放式管理模式过渡到一种新型的管理方式。

第三阶段：严格依法科学管理阶段（1960 年以后）

在 20 世纪 60 年代之后，美国政府开始强调科学规划、有效合理地开发和利用国土资源，强调人的生活环境和野生动物保护。该阶段的特征有：以市（县）为基础，州为主体，联邦政府宏观调控，法律规章健全，实施保障有力；全面依法规划，科学合理开发利用资源；在自然资源保护和开发中特别注重人的生存环境质量和对野生生物的保护；从发展中国家购买干净的资源，将污染环境的产品生产转移到发展中国家。

在20世纪30年代推行土地分区制管理的基础上，各州先后通过有关法规，规定实行国土资源的严格依法规划、科学管理。1976年以来，公民的环境保护热情不断高涨，环保组织不断增多，并积极介入环境和野生生物保护。公众的环境意识日益高涨，资源开发和经济增长不应以牺牲环境利益为代价是这一阶段的标志。1969年颁布的《国家环境政策法》，明文规定了资源的保护性开发，这成为美国国土资源管理中的一个里程碑。

第二节 美国土地管理的现状

一、土地管理法律、法规体系

美国属于人少地多的国家。美国总面积937万平方公里，人口密度为每平方公里229人。美国虽然土地资源丰富，但为了防止城市规模盲目扩大，实现可持续发展，政府实行了严格的土地用途管理制度。

土地利用规划是实行土地用途管制的基础。美国土地用途管制起源于民法的地权限制，是针对当时由于地权的限制导致难以合理利用土地而采取的一种法律手段，其基本内涵是土地所有权和土地使用权的行使不能给社会公共利益和他人利益造成危害。从殖民地时期至今，美国的土地用途管制制度经历了由零散、片面到系统、全面的转变，在优化土地资源配置上发挥的作用日渐明显。

美国土地用途管制可分为两大类，一类是对建筑物的间隙、布局等方面进行管制。例如规定建筑物及其他构筑物的高度、层数、规模、建筑线，最小空地率，建筑密度，最小容积率等，综合考虑建筑物的通风、光照、景观和公共设施配套建设，这将极大地有利于分离工业区和居住区，隔离污染源，保护生态环境。

第二种土地用途管制主要是为了控制城市的规模并且保护农业用地。例如在控制城市规模上，政府采取通过建筑许可的总量管制，实施分期分区发展和设立发展管制区来加以控制。这些措施通过对建筑数量的控制以及公共设施的规划，从而引导土地开发的方式和时间，防止了不成熟的土地开发行为。在保护农业用地上，则是通过划定基本的农地，实施税款优惠与减免方案，制定农业区划以及购买或转让土地发展权来实现，力求将政府的强制行为和土地使用者的自觉行为结合起来，使农地得到更有效的保护。

从 1785 年制定的第一个土地法令开始，美国现在已经具备一套健全的土地管理法律、法规体系。美国宪法规定："国会有权处置以及制定必要的规则或法令管理美国领土和财产"，这充分表明了土地的处置权在国会。

另外，到 1997 年美国国会通过《联邦土地政策和管理法》的 200 多年间，美国各级政府出台了上千条有关土地资源开发管理的政策、法规。例如《荒野法》（1964）、《国家野生生物保护系统管理法》（1966）、《国家原生和风景河流法》(1968)、《阿拉斯加国家利益土地保护法》（1980）等。这些相关法规形成了完整的体系，为美国国土资源的管理提供了依法行政的良好基础。

二、美国土地管理体制和组织机构

如同世界上绝大多数国家一样，美国的土地用途管制制度的实施途径也是土地利用规划，只不过土地利用规划体系自有其特点。美国土地规划的制定、实施需要通过一系列的步骤，这是政府主管部门、专家学者以及公众参与、发表意见的过程，同时也是教育公众、寻求公众支持和理解的过程。美国的土地规划管理主要由三个不同的部门分管：联邦政府、州政府以及地方政府。

其中，联邦政府主要是由内政部的土地管理局负责管理，主要负责管理联邦政府所有的土地并对州政府所有和私人所有的土地管理进行协调。联邦政府一般不直接参与土地管理工作，但可以间接地干预和影响地方政府的土地规划和利用。一般而言，州政府与地方政府直接参与土地管理工作，主要负责包括拟定土地利用计划、公共设施建设以及城市发展方案。

美国国家土地管理局是负责联邦土地管理的机构。1946 年美国在原国家土地办公室的基础上组建了国家土地管理局，开始由国家土地管理局负责管理国家的土地资源。1976 年美国国会通过了《联邦土地政策和管理法》，规定了美国土地管理的根本宗旨和主要目标是实现土地资产的可持续利用，强调土地的社会职能和利益高于一切，并开始实行集中、垂直的土地管理体制。

这部法律的出台，为土地管理局对国土资源进行综合管理提供了重要的法律依据。国家土地管理局隶属内政部，并在全国各地设立派出机构，共有（包含联邦、州、县、市四级在内）13 个区域性办公室、58 个地区性办公室、143 个资源区办公室，市（县）政府一般没有专门的国土资源管理机构，其相关管理、服务职能统一由市（县）的经济发展或规划等部门提供。

美国的内政部是管理、保护国土资源的主要部门，同时也是美国最早成立的部门之一。美国内政部不仅负责美国的国土资源管理，也负责美国的产业管理。美国内政部设有 8 个专业局。这些专业局包括：国家公园局、美国鱼类和野生动物局、印第安事务局、复垦局、土地管理局、露天采矿复垦和执行局以及矿产管理局。其中，土地管理局主要职能是：代表国家对城（镇）土地的利用与保护实行统一管理；除直接管理联邦政府拥有的 2.7 亿英亩土地外，还负责综合管理全国的森林、河流、沼泽、珍稀动物、自然保护区和地表以下所有的矿产资源、水资源；对各州和私人的土地利用行为进行指导、协调和规范；规范全国土地交易行为等。1997 年美国国会又通过了新的《联邦土地政策和管理法》，该法案对土地管理的地位和职责，以法律的形式给予了进一步的明确和界定。

三、美国的土地利用规划体系

严格说来，美国没有法定统一的全国土地利用总体规划。美国的土地利用规划体系分为州土地利用规划以及地方政府土地利用规划两个层次。这两级政府在制定规划时各有分工，虽然政府之间互不干涉，但是之间也存在着一定的影响关系。州政府的土地利用规划政策是对整个州范围内的土地进行整体规划，属于政策性的指导文件，州政府制定的政策目标要由地方政府来贯彻实施；而地方政府在制定当地的土地利用规划方案时，也往往会参照州政府的总体规划方案要求，一般都要考虑州政府土地利用规划中的政策目标和相关规定等。

地方政府制定的土地利用规划中一般包括总体规划、公共设施分布、分区规划等。该规划方案获得通过后就具有法律效应，私人在建设中不得违反相关规定，否则将受到法律的严惩。联邦政府主要通过制定相关的法律法规、政策来约束引导、影响地方的土地利用及规划管理。

这些相关法律法规、政策的核心与实质在于：宏观控制、科学开发、集约利用土地资源，确保全美社会、经济的可持续发展与国家安全。总体规划通常是由地方政府的管理委员会制定，在规划制定过程中民众广泛参与，主要通过公告、听证会等形式，让专家学者、社区民众提意见，一般要经过半数以上民众讨论同意，方可依法由本级议会或行政批准。

总体规划一般规定了本地土地利用以及城市规划的总体目标和建设规定，以后城市的土地分期、分区发展、建筑总量的控制、城市发展边界等方面都必须符合土地利用的总体规划。公共设施分布图一般要标明已经存在的或正在规划中的公园、街道、通讯设备、供水系统等公共设施。

而区划则是根据土地利用规划的总体规划方案，将一定范围内的土地划分成不同土地利用区，用土地利用分区图来界定每个分区的范围和区位，规定不同区域内土地的用途和使用规则。土地利用分区的规划非常详细，一般都要落实到每一块土地。各州、县、市、镇有关土地利用除体现在总体规划中以外，还通常包含融合在各地制定的交通、海洋污染资源保护等规划及土地利用方针或规划政策之中，成为全方位、多层次的科学规划与严格管理。

四、美国土地的所有制形式

美国的土地所有制呈现出一种“公私兼有”的多元化的形式。美国现有陆地面积 23 亿英亩，其中归美国联邦政府所有的约 6.4 亿英亩，约占 28%；私人拥有的土地比较多，有 13.3 亿英亩，大约占 58%左右。另有还有 12%的陆地面积为州、县、市拥有，约 2.8 亿英亩；此外，还有 2%的土地保留为印第安人托管的土地，约 0.5 亿英亩。

联邦政府的土地主要包括联邦政府机关及派驻各州、县、市机构的土地、军事用地、自然风景保护区、公园等。联邦、州、县、市在土地的所有权、使用权和受益权上各自独立，不能任意占用或平调，如果确实需要占用土地的话（例如修建国家公园、公路或者其他设施），也要依法通过买卖、租赁等有偿方式取得。

即使在联邦政府所拥有的土地中，也存在多元化的形式。其中，隶属农业部的国家森林局控制30%，隶属内政部的国家土地管理局控制42%、国家渔业和野生动植物局控制13%、国家公园局控制12%、国防部管理3%。五个联邦政府机构在各自管辖范围内，对国土资源管理都具有各自不同的职能和责任。

美国的城市土地大多为私人所有。在美国，土地交易是合法的，居民在进行房地产买卖时，往往是土地连同地上的房屋一同买卖；进行房地产登记时，实行房地合一的登记。所以，如果购买的是完全私有的绝对继承的房地产，是没有法定使用期限的。土地所有者或从土地所有者那里得到许可的人，拥有对地表或地下的资源进行勘查和开发的权利，但政府对土地所有者反对政府的行为和不与政府合作的举动拥有抑制的权力。

美国一般没有处理土地产权转让的专门法规。所有的土地都实行有偿使用，在政策规定许可的范围内，土地可以自由买卖、出租和抵押。土地无论公私，在交易中地位、利益平等，而且手续十分简单，在双方自愿依照有关处理不动产和契约的法律签订协议之后，只需向政府缴足规定的税金，进行注册登记即可。

矿产资源勘查者在进行勘查前，通常需要同土地所有者签订勘查契约，开发利用时需要签订租借契约或买卖契约。为吸引外资，美国政策允许外国人到美国购买土地。同时，政府可以向民间征购土地，但须经规划许可且出于公众利益，须进行地价评估。若土地所有者不接受评估价格，可以到法院起诉，由法院裁定，政府不予干涉。

五、美国农地保护制度

美国土地用途管理中的一项重要内容便是保护农地。主要通过划定最好的农地，确定保护范围，制定税收优惠、减免方案，制定农业区划，购买或转让土地发展权以保护农地。

美国的农地保护最早始于20世纪30年代。到了20世纪中叶，美国的经济发展迅速。在快速城市化过程中，优质农地大量减少，与此相关的城市附近的开敞空间、风景资源、野生生物、小流域的保护、生物多样性维护、公共健康问题越来越成为公众关注的话题。

针对这一系列问题，美国联邦政府及州政府采取了一系列的措施来控制城市规模，防止优质农地向城市流转。20世纪50年代中期，联邦政府加大了对耕地的保护。在20世纪60年代，由于城市化进程加快和西部荒漠化的日趋严重，美国政府进一步重视对农地的保护，到70年代已开始关注农地流转问题。

1981年政府制定了《农地保护政策法》，并据此将全国的农地划分为四大类，实行严格的用途管制。①基本农地：最适于生产粮食、饲草、纤维和油料作物的土地，总面积1.588亿公顷，禁止改变用途；②特种农地：生产特定的高价值粮食、纤维和特种作物的土地，禁止改变用途；③州重要农地：各州的一些不具基本农地条件而又重要的农地，可有条件改变用途；④地方重要农地：有很好的利用和环境效益，鼓励继续用于农业生产的其他土地，可以或有条件改变用途。

从1983年~1994年，各州、县、市完成了对农地的划分。农场主在与政府签订协议保证农地农用后，可获得政府减免税费等一些优惠待遇和政策。如加州于1965年颁布《农业排斥法》禁止城市向农用地跳跃式发展和不经业主同意侵占农用地；1965年颁布《威廉森法案》，指出农场主在与政府签订协议保证十年以上农地农用后可以暂停征税。此外，美国还采取推行建立植被、防护林、草地等生态保护缓冲带的做法，大大改善了农业生产环境，防止了水土流失。

与美国联邦政府相比，各州政府的农地保护行为更加具体。1973 年，俄勒冈州立法机构首次成立了“土地保护与发展委员会”。作为州的规划权威，这个委员会贯彻全州性目标并将目标付诸于规划中。每项计划通过起草、讨论、再起草、通过并在地方强制实施。在具体操作过程中，将“城市增长边界”作为一个与传统土地利用条例有质的区别的规划工具来调节土地利用，即只有在增长边界内的土地才能在某一特定的时间转变为城市用途，而在边界之外的土地则一直要保护其作为非城市用地。

1975 年 ~1976 年的立法会议期间，加利福尼亚州政府将一些与农地保护相关问题引入州议会众议院议案之中，认为农地保护特别是优质农地的保护，对于提高全州社会福利，保证和尽可能扩大粮食生产、纤维及木材供给，保护开敞空间，扩大就业机会起到了至关重要的作用。

美国联邦政府、州及地方政府在其城市化发展的不同阶段制定或调整了一系列农地保护政策，使之尽量既能兼顾公平与效率，又具有可操作性。李茂在《国土资源情报》上的一篇文章中归纳了美国农地的保护政策。

这些农地保护政策包括：

（一）规定最好的农地，确定保护范围

美国农业部对最好的农地的定义为：“土壤、坡度和排水情况最适合种植粮食、饲料和油料作物的土地。”美国各级政府在城市规划的过程中一般都要考虑确定农地的保护保护范围，划定最值得保护的土地，并在规划中确定保护的范围和先后次序。政府在规划农地保护的时候，一般除了考虑土壤的质量情况之外，还综合考虑地块的大小、交通距离远近和排水系统等因素。此政策是为了社会共同利益，如保护风景的美学价值、野生生物、生物多样性和小流域等，而征用私人财产（土地）从而达到土地保护的目标。

（二）制定税收优惠、减免方案

政府还会通过制定一些税收优惠、减免方案来保护农地，以免土地所有者将农地作为其他用途。这些方案包括优惠征税、递延税金以及限制性协议等方式。

在美国，如果土地所有者保证土地供农业使用，就可以获得优惠征税，土地所有者缴纳的税金可以得到相应的优惠；递延税金是一种反向的激励方式，这种方式规定如果土地所有者没有遵循政府的相关规划将农地用途改为其他用途的话，就需要向地方政府交纳部分或者全部增值的收益；限制性协议是指土地所有者和地方政府签订某项协议，协议规定土地所有者在规定的时期内保证土地的用途仅用于农业，这样的话土地所有者还可以得到税收的部分或者全部减免税收。

（三）制定农业区划

农业区划措施是指将农业用地和工业用地以及其他用地严格的区分开来，规定在农业用地区域内只能从事农业生产或者与农业生产相关的活动，严令禁止在农业用地上建设住宅或者发展其他的基础设施建设。这种方式也是美国政府最常采用的一种方式。

（四）购买、转让土地开发权

即政府允许土地使用受限制的土地所有者将其土地发展权出卖给土地使用不受限制的土地所有者进行额外土地开发。20 世纪 70 年代中期，这一政策率先在芝加哥、纽约等地实施。由于这一政策不剥夺土地所有者的所有权，实际操作简单，成本低，因此在美国推广较快，到 20 世纪 90 年代，这一政策不仅仅应用到城市土地扩张控制、农地保护当中，而且还推广到环境保护、生物多样性的维护之中。

第三节 美国小城镇城市规划与土地利用

美国是世界上市场经济最发达的国家。很多人自然而然地认为美国的城市建设也是受市场经济规律支配，没有计划经济国家常见的规划或者计划。然而，事实上，美国的城镇建设是在有效和完善的法制管理体制下按照严密的城市规划方案进行的。

美国的城市规划思想在20世纪早期开始出现。1907年美国成立了第一个城市规划委员会。3年后，全美城市规划协会和研究所成立。至1937年美国约1200多个市镇相继成立了规划局或规划委员会，3/4的州被授权对辖区进行了严格的分区规划。战后，美国政府希望通过全面的公共工程规划和建设来解决战争导致的失业问题，因而城市规划得到政府的重视和鼓励。

近20年来，随着科学技术的突飞猛进和经济的迅猛发展，规划变得日益重要。城市规划的范围也从过去传统的地面物质规划，即土地的有序利用，城市建筑、公路、公共设施以及其他地面设施的建设和改造，转向致力于城市的全面管理。具体工作包括对城市经济和社会发展方面的研究、对法规的修订和完善，也包括社会福利方面的规划，从而来消除贫困，提高低收入阶层的生活水平，继而带动城市经济的全面发展。

一般来说，土地管理的规划立法由州政府负责。州政府通过制定城市规划法案从而引导地方土地管理工作。该法案要求地方政府在拟定土地使用计划、公共设施建设及城市发展方案等必须将州政府的土地管制纳入其中，而联邦政府则不参与地方政府的规划与土地管理工作，只是对联邦政府土地的管理负责。

美国的土地利用规划由州土地利用规划和地方土地利用规划构成。州土地利用规划是一种政策性的指导文件，为下级政府提供政策目标。州政府制定的城市规划法案一般包括以下三个部分：城市规划的机构构成、责任及权力、行使职权的程序等。地方土地利用规划比较详细，是一种实施性文件，包括作为土地使用宪法的总体规划，详细直观标明现状和规划方案的官方地图以及划分用地性质、范围的分区规划。美国的土地利用规划在制定过程中，集思广益，让政府、专家学者和公众共同参与，因此具有很强的可行性和明显的成效。

按照美国宪法规定，地方政府（市、镇）拥有对用地的直接管理控制权，但在城市的规划实施方面，它还是会与州政府以及联邦政府在社会经济文化等各个方面进行沟通、协调。特别是在包括扶贫、救济、地区重建、住宅建设、公路和旅游开发区、交通运输、就业、教育等在内的公共和社会事务方面，地方政府更需要来自州以及联邦政府的经费资助和政策引导。

美国小城镇政府的主要职能之一，就是制定本地的城市规划并具体实施操作。美国镇政府机构中一般没有专门的土地管理机构，但设有区划委员会，主要从事社区的区域规划工作，负责制定社区发展的基本原则和远景规划以及小块土地的出卖和其他土地的使用问题，并结合本地实际情况制定优惠政策，吸引投资，制定增减税收方案等。小城镇城市规划的基本原则包括：①首先尽可能满足人的生活需要；②充分尊重和发扬当地的生活传统(习俗)；③最大限度地绿化和美化环境；④塑造城市不同的特点和培育有个性的城市。

在制定城市规划时，政府往往会和大学、学院等一些教学科研机构合作，以获得专业方面的支持。例如哈佛大学就为奥斯顿规划了全新的城市建设方案。城市规划方案一般根据时间的长短和建设重点的不同，通常编制为长远规划、中期规划和近期规划等。规划中都包含强制性以及选择性的内容，这样使得城市规划既具有权威性又有一定的灵活性。

编制规划时需要广泛地征求市民的意见，增强公众对规划的了解和参与。城市规划制定以后就具有了法律效应，市镇议会和全镇大会一般不能改变，只有法院有推翻的权力。规划的决议要经居民公决，同时严格遵循美国法律中规定的城镇开发建设的原则和标准，如建多少平方英尺的商店、餐馆，建多大停车场，多少草坪等。

拥有私人土地的地方和农场若想要改变土地的用途，必须符合市镇规划，经过居民同意。当市镇需要公共用地时，土地所有者必须出卖，不愿意出卖就是违法。出卖改变用途的土地时，由政府收买，作出规划，招标开发。同时国有土地也可以出售，或搞商品房建设。

在美国小城镇建设中，开发商必须承担开发区的公用基础设施建设，包括路网、供水、电力、通讯等设施建设和开发区周围山地、河滩的整治绿化。为确使开发商承建公用基础设施，州和城市政府规定开发商要交纳公用基础设施建设保证金，如果开发商不履行承诺，城市政府可以取消他的开发资格。

第四节　美国小城镇城市规划与土地可持续利用

美国小城镇建设已经有了很长的历史，目前已经形成了比较完善的体系。城市规划的主要内容有交通规划、公园和绿地的安排、历史街区的保护等。在建设规划中，美国小城镇的主要做法有：①重视城镇规划建设的法规和制度建设。美国城市规划与建设管理中的法规非常多，也非常具体，很多都是强制性的要求。例如，在城市规划中对建筑高度、建筑绿化等都有明确的规定，必须遵照城市规划与建设管理中的相关法案规定实施。②重视城市基础设施建设的经济适用性。尽管美国土地面积广阔，生产力水平也比较高，但是美国小城镇在基础设施建设上的设计标准大多以经济适用为目的，不大占用太大的空间，也不采用太昂贵的建筑材料，但又充分方便公众的需求，这样既大大节省了投资成本，又有利于公共财政的优化配置。③重视自然环境和历史文化的保护。美国对一些历史名城的基础设施采取特殊的方式加以规划与建设。有的旧房子由政府收购，再卖给喜欢旧房子的人，使得旧房子得以保护。有的道路作为一个时期的风貌予以保留。公园、绿地的安排是美国小城镇规划中的重要内容，占据突出位置。一般城市规划中都要给市民留下了大片的休闲娱乐的自然空间，对各个单位、有住宅的家庭都有绿化的要求：如体现植物多样性，植物品种多，大树多，花、草、树木和谐搭配；注意保护自然生态环境，使一部分公园和道路两边呈自然状态，让城市充满生机和活力。

美国小城镇在城市规划和土地的可持续利用方面多年来已经积累了不少经验，其中很多东西是值得我们借鉴和利用的：

（一）先进的可持续发展理念

美国人在小城镇建设规划中，本着对历史、对子孙后代高度负责的精神，非常注重土地的可持续利用和社会的可持续发展。他们提出了“精明增长”理念的10个原则，即“多种土地利用、密集型建筑设计、多种住房选择、城市中心再次开发、公共交通选择、环境保护与环境设施、适合步行的住宅区、有地域归属感吸引人的社区、开发决策中的多方合作、清晰公正高效的过程”等，其基本精神与我国提出的可持续发展的科学发展观相一致，具有极大的借鉴价值；“从摇篮到摇篮”的理念，也正体现了发展循环型经济、节约型社会的要求。

更重要的是，他们把这种可持续发展的理念贯穿到了规划和实施的全过程。如波特兰市把环境保护作为土地利用和城市规划的主要约束条件，不仅取得了很好的社会和生态效益，而且从经济发展角度看，这种良好的自然和生态环境也成为吸引无污染企业（如耐克总部）和高科技企业进入的环境优势。借鉴这一经验，可以前瞻性地避免走先污染后治理的路子。

（二）城镇规划一体化

美国小城镇在建设规划时一般注重统筹规划，会结合州一级政府的整体规划方案来制定本地的规划纲要，避免与州的整体规划发生冲突或不一致的情况。州一级的政府主要确定规划目标和指导，通过行政条款，要求所有的地方政府必须制定符合州目标的综合规划方案和区划标准；在大都市区域政府一级，主要制定符合州目标的未来发展规划，确定未来远景发展、城市发展管理功能和地区框架规划；在市一级，主要制定符合大都市区域政府的远景发展规划，包括远景称述、目标和政策、区划标准等；在小城镇一级，主要制定符合市综合规划的目标、政策和实施策略。

州政府的土地利用目标细分为保护目标、开发目标和海岸目标。保护目标包括农田、林地、自然历史、环境、自然灾害和河道绿地等；开发目标包括经济发展、住房、公共设施和服务、交通和城市化；海岸目标包括入海口、海岸线、海滨与沙滩、海洋资源。在市县一级，都有根据州目标制定的一体化综合规划，土地利用与经济发展、交通、住房、环境质量、自然资源保护等都会考虑。

城镇规划方案一经制定便具有法律效力，必须严格执行。美国的城市建设管理，制度健全，执法严格，违法必究，没有人敢越雷池一步。在美国，即使是一户人家要改建他的住房，也必须征得他所在住区居民的同意，否则他就要吃官司。因为他房屋的改建计划有可能影响房屋的标准和形象，进而影响周围房屋的价格。

在严格执行规划方面，华盛顿市可以说是个典范。华盛顿的城市建设至少已有上百年的历史，但至今仍不落后，使人感到舒适而有气派。最高建筑华盛顿纪念碑耸立在城市中心，周围及市内留有大片的绿地，市内建筑高度控制在华盛顿纪念碑以下。房屋一般只有五六层，没有高层建筑，多为联邦各部委办公楼或其他公共建筑，整座城市建筑典雅，街道整洁，绿草如茵，环境宜人。这说明当时的规划起点高，具有很强的科学性和前瞻性，并得到了严格的执行，形成了华盛顿自己独有的城市特色。

（三）规划管理科学严谨，注重群众参与

美国小城镇的规划工作科学严谨、工作细致入微，投入的人力、物力巨大。例如波特兰市在该市 2040 年城市拓展界限规划中，仅公众参与一项就花了数千万美元。他们不仅在规划上舍得投入，而且在规划的落实上也非常扎实到位。

这个市的开发服务局有 400 多名雇员，专门负责协调审核新开发项目是否符合建筑和土地利用法规，协调开发项目的公众评议和许可证颁发，监督已规划的开发项目执行和环保审核。开发项目的审核根据有无自行处理权分为两种，对每一个有自行处理权开发项目的审核，都必须经过公众审议程序，申请工作完成后，还要发布公告征求各方面意见。公告主要发放到本地区内的业主、周边地区协会及其他政府机构。签发许可证的同时，形成一张开发项目检查卡片，由开发服务局官员定期进行监督检查。

另外，美国还十分注重鼓励城镇居民参与本镇建设。美国的小城镇建设，尤其在规划设计阶段，十分注意鼓励和支持社会各方面公众的参与，尽可能地吸收和听取他们对建设项目的意见。

政府官员、设计人员和当地居民会经常坐在一起，共同讨论规划设计方案，反复征求各方面的意见。规划方案经过市议会审议的时候，电视、报刊等新闻媒体会把审议的实况及时地传播给公众。不管是白人、黑人，还是设计人员和政府官员都可以参加讨论会，来讨论如何保护当地住区的环境质量问题。而他们的意见将对设计者产生重要的影响。

另外，还有一些协会（例如地方建筑师协会）会制作长短不一的电视节目，告诉大家公众的参与是有益的，好的规划设计方案必须是开发商、政府官员、设计人员与公众的合作成果，并介绍公众的参与如何自下而上或自上而下的途径方式。

（四）城镇建设极具精品意识

美国的小城镇建设中极具精品意识。追求个性、精益求精的精神在小城镇建设中体现得淋漓尽致。例如乌德斯道克小镇有一座 1889 年建造的歌剧院，是二层楼，有 415 个座位。虽经历了 108 年的风风雨雨，但它简洁的建筑结构、精美的石雕以及室内艳丽的彩绘，使它依然显得精美、典雅和庄重。站在小镇的广场上，许多建筑都有几十年，甚至上百年的历史，但它们精美的设计、精细的施工，使得每栋建筑看上去都具有一种的文化蕴力在里边，具有某种质的美感。

此外，小镇还有一个 443 米高的世界第一高楼——芝加哥西尔斯(SEARS)大厦。从这里向城市眺望的时候，芝加哥市中心区上百栋高层建筑尽收眼底，每一栋都别具特色、独具匠心，似乎让人置身于世界建筑博览会，在夕阳的映照下这些建筑金碧辉煌、精美绝伦，可以说，座座都是精品。值得一提的是，美国还十分注意做好小城镇建设中建筑和设施的维护工作，在小镇上可以经常看到维护人员在油饰门窗、刷洗玻璃。像西尔斯大厦就配备了 6 部自动洗窗机，大厦外墙每年要清洗 8 次，从而使建筑物始终保持原有的风采。

（五）重视环境建设

美国小城镇建设规划中非常重视对环境的保护，在这方面投入的人力、物力非常大。这一方面是为了改善和提高人民生活的住区环境质量，另一方面则着眼于经济社会可持续发展战略。

小城镇中的居民植树造林、种花种草的热情都非常高，几乎每家门前的院子里都养着品种繁多的花卉。甚至在高速公路两侧，也有宽阔的绿化带，很少见到裸露的土地。另外，美国小城镇建设中也十分注意垃圾和污水处理等环保项目建设。所以不管走到哪个小城镇，天是蓝的，空气是清新的，河水、湖水都是一池碧水，树木、花草都是枝繁叶茂、繁花似锦，到处都是整洁优美的环境。

美国小城镇逸闻趣事摘编 3

聋人小镇

在美国南达科他州迈克库克县的农村小镇里，一群特殊的人群正齐聚一起，商议着一件对他们而言非常重要的事情。这群特殊的人，大部分是聋人或听障者，而他们所商议的事情，便是建一个只使用手语的聋人小镇。

如果这个小镇得以建成的话，那这将成为美国历史上的第一个聋人小镇。

对于该小镇的未来，大家都有着不同的设想。聋人马尔文·米勒希望未来的聋人小镇是一个手语镇，镇上的居民都使用手语进行交流，学校的老师用手语教书，镇议会用手语辩论，甚至在饭店点菜也要用手语来表示。

马尔文·米勒今年 33 岁，来自密歇根州，也许是上天太不公平，他的妻子以及他的4个孩子都是聋人。正是这样的家庭生活让米勒产生了建立聋人小镇的想法。米勒是这个计划的发起人，他甚至已经给未来的聋人小镇起好了名字，叫做“洛朗镇”，这是19世纪法国聋人教育家洛朗·克莱克的名字。

米勒说，在他孩子的世界里，他们根本不知道什么是镇长、工厂经理、邮政工人、商人。因此，只好自己动手建一个镇，来表现我们聋人独特的文化。米勒希望未来的聋人小镇街道和商店都很宽敞明亮。消防局和警察局的车将装上更多的灯，但不设警铃。镇里每户人家都将装上高速宽带，因为网络是聋人交流的重要方式。

然而，仍然有不同的意见，有的人认为专门为聋人设立一个小镇会让聋人更加与世隔绝。华盛顿亚历山大·格拉哈姆聋人和听障协会主席托德·休斯敦说：“我们认为，他们保持现状，好处更多。建一个聋人镇不明智。”托德说，过去15年来，科技越来越发达，一些聋人和听障人士植入了耳蜗后，也能像正常人那样说话。另外，聋儿因为诊断和治疗得早，越来越多的聋儿上了普通的学校。这些事实说明，聋人没必要逃避。

其实，这只是普通人对聋人的臆断，他们并不了解聋人们的真正想法。对于那些想成为“洛朗镇”居民的人而言，他们不是为了隐居或逃避，因为他们不反对小镇接纳“听人”（没有听力障碍的人）。米勒的岳母兼生意伙伴芭瓦克兹说，他们不是要造一个聋人镇，而是要造一个手语镇。他们希望，镇里的主要居民是那些没有听力障碍，但却有聋儿的父母。芭瓦克兹是“听人”，她自己就打算住到“洛朗镇”。据统计，美国约90%的聋人的父母都是“听人”。

罗彻斯特全国聋人技术学院的官员杰拉德说，早在19世纪初，聋人就在讨论建个“聋门镇”，此后也不断有人提起，“聋门镇”最终没建成，倒是出现了一些聋人集中居住的社区。

米勒的计划得到了近 100 人的响应，他们有的来自英国和澳大利亚。他们说，“洛朗镇”与聋人社区最大的不同在于，镇里所有设施都是专为聋人设计的。

来自费城的退休教师劳伦斯说，“洛朗镇”最吸引他的就是他可以不再害怕与邻居打交道，不再担心与商店的服务员谈价格，也不再会因为聋而向别人道歉了。世界著名的专为聋人及听障设立的盖路德特大学聋人研究生处主任鲍曼说，这一计划还标志着聋人与“听人”有了合作。他说，随着越来越多的人学手语，这一计划更显得有意义（目前手语已被称为美国第五大外语)。

目前，聋人小镇的建设计划已经开始实施。发起人米勒考察了很多地方，最后综合人口、气候、土地价格等因素，将未来的“洛朗镇”地址定在了迈克库克县，离这里最近的小镇是 5 公里外的萨勒姆小镇。

米勒前不久刚搬到萨勒姆，他与岳母在通往该镇的小路上，开了一家自助洗衣店，推广“洛朗镇”。

米勒和芭瓦克兹透露，建镇的钱一部分来自他们自己，一部分来自一个叫“天使投资者”的组织，该组织的领导人有一个聋女。目前，他们已购买了 275 英亩土地。小镇预计将在 2005 年秋季破土动工，设计居民人口为 2500 人。

第四章　美国小城镇的社区组织

第一节　美国小城镇的社区服务概述

社区是社会构成的基础，是整体社会的一个缩影。作为局部的社区是一个包含了整体社会基本状况的单元，社会的生活需求、利益关系、群体矛盾、阶层结构和运行状态，在社区都有对应的表现。

在美国的小城镇中，地方政府在对该城镇的建设规划、基础设施等方面发挥着非常重要的作用。除此之外，政府还积极培育和推动小城镇中的社区组织来承担许多具体的社会服务和社会管理工作。社区就如同一根根的纽带，将小城镇中的家家户户联系起来，形成一种纵横交织的网状体系，将城镇中的各个“小家”变成了“大家”。

美国小城镇的社区管理工作主要由三个部分组成：政府、非政府组织以及营利性组织。其中非政府组织是美国小城镇社区管理中的支柱力量。政府则是通过政策调节、法律制定和财政支持来实施宏观调控和管理。

在美国小城镇社区的非政府组织里，最有名的就算是社区的社区协会了。这种协会是当地居民自发组织起来的非官方组织。从它的功能和性质来看，这种社区协会有点类似于我国的社区居委会。社区协会的“领导”和工作人员都是由社区内的全部业主选举产生的。只要是城镇内的居民或者在该社区拥有房屋的业主都可以参加竞选。

当然，如果该协会的负责人或者工作人员工作不尽职尽责，没有起到保护社区住户的合法权益的时候，就有可能被社区的居民们“罢免职务”。据统计，美国目前总共有 20 多万个社区协会，这些协会分布在美国的各个地方，几乎每个小城镇中都有一个或者几个社区协会。

这些社区协会虽然不是正式的政府机关，然而，在美国人的生活中，社区协会却发挥着非常重要的作用。社区的居民们都非常信任社区协会，要是生活上有什么困难或者麻烦就会先跟社区协会进行联系，找社区协会的人出面帮忙。实在万不得已，才去找政府解决。这可能是由于社区协会置身于城镇居民的生活当中，彼此之间都比较熟悉，在居民寻求帮助的时候协会都乐于帮忙。同时，美国人的生活节奏比较快，政府可能没有太多的时间处理诸如社区噪音、污染之类的事情，所以这些事情往往都通过社区协会来得到解决。

社区协会的权力其实很大，只要跟社区居住有关的事情，社区协会都可以参与。例如在位于弗吉尼亚州阿灵顿县的白金汉小镇上，一些居住在公路附近的居民就向当地的社区协会反映马路的噪音太大，影响了他们的日常生活。为此，社区协会就组织当地居民开会讨论，商量对策。有的居民建议公路穿过社区的路段应该实行限速，最高时速应该降低 10 英里。社区协会最后经过讨论形成一个提案，并将该提案送交当地的交通主管部门。而交通部门就会根据本镇的噪音影响实际情况，更换这一路段新的限速标志牌。

社区协会的议题往往还很多，例如有时候社区协会为了对整个社区的风格进行统一规划，就讨论决定了社区内的建筑风格以及绿化管理等，要求社区内的别墅都应该是统一的色调和风格，社区内的所有住户都不得随意变换房屋的外墙颜色。

当然，社区协会也会讨论一些“琐事”。例如，讨论给各家栅栏的间距定一个标准，好让野生的小松鼠可以自由进出，尽情“享用”院子里的各种树木的果实；节日的时候如何组织大家进行节庆大游行，体现社区特色，等等。事情虽然很琐碎，但是由于活动比较有意义，社区内居民参与的积极性都很高。很多人参加会议不仅仅是为了讨论那些社区内的议题，而是更多地把社区会议当作联络邻里之间感情的一个平台。

另外，有的社区还会组织一些集体联谊活动。例如，白金汉镇上的社区协会组织大家周末聚餐，每家拿出一两道自己比较拿手的菜肴，供大家分享。有时候，社区协会还会针对那些刚刚移民来美国的新居民举办英语培训班，以提高他们的英语交流能力；开办网球班，组织大家进行网球比赛，以提高社区内居民的身体素质；组织社区旧货市场，以方便大家进行旧货交易或处理闲置的家具、物品等。

当然，社区给当地居民提供社区服务的同时，社区居民也应该肩负自己相应的义务。例如社区一般规定住房的外墙应该定时进行粉刷，屋外的草地也要定期修剪。这些工作都是社区居民应尽的义务，因为这些都关系到整个社区的形象问题，也体现了社区内居民的整体素质和文明风貌，跟社区住户的切身利益息息相关。

美国的小城镇政府比较小，一般都建有社区中心，根据居民需求的不同，功能也不相同。例如圣路易斯县的社区居民以白人为主，社区中心主要以开展文体活动为主，拥有正规的室内冰球场、图书阅览室和综合活动室，而活动室也是开会和选举的场地。该中心组织的不同年龄组的冰球队，在密苏里州和全美都很有名气。圣路易斯县大部分居民是黑人，失业人口较多，他们的社区中心的主要功能就是搞就业培训和职业介绍。所有的社区中心都是非营利组织，经费大部分由地方政府拨款，中心通过培训活动也适当地收一点费用。

纽约的地方自治政府比较大，在5个自治政府下面又设了59个社区理事会，每个社区理事会由50名居民代表组成，代表为兼职，无报酬。理事会根据需要分成若干个专门委员会，每月开一次会，讨论研究社区大事，代表民意与地方自治政府沟通。理事会雇佣专职的经理、秘书等，经费都由地方自治政府纳入预算。

非营利组织由政府登记发照，承担各种各样的社区服务，50%以上的经费来自政府。它们与政府签订协议，按服务的人头由政府拨款，开展就业培训、救助流浪人员、照看孩子、帮助问题青年等服务活动。非营利组织实际在为政府工作，工作人员的工资与公务员相当。如圣路易斯市中心救助站就是一个非营利组织，它每天为300名贫困线以下的人提供免费午餐，为穷人提供心理帮助、就业培训、洗澡洗衣的场所和设备、帮助戒酒、帮助联系租房（不提供租金）、帮助找工作等服务。

总之，美国小城镇的社会社区服务机构涉及方方面面，几乎所有的社会问题，都有有关的社区组织结构提供服务。

第二节 美国小城镇的“社区居委会”

上一节简要地介绍了美国小城镇“社区居委会”的服务活动和运作机制。由于社区协会（即社区居委会）在美国城镇居民中发挥着非常重要的作用，对解决当地居民生活中的困难，沟通本镇群众感情提供了一个很好的平台。然而，美国小城镇中的“社区居委会”是怎样产生的，在社区活动中又起到那些作用呢？在本节的内容中，将进一步为大家介绍美国小城镇的社区居委会的相关情况。

社区协会又称“居住社区协会”。这种协会是美国地方小城镇的一种社区民间自治组织，在美国人民的生活中扮演着非常重要的角色。为了能更好的了解这个社区自治机构的性质和职能，首先需要对美国住房的种类和居民的居住情况有个大概了解。

美国人的住房如果按照房屋结构，大致可以分为三种：独立洋房、城镇楼房、公寓楼。其中独立洋房面积较大，住房形式风格各异，大小不等，一般是由一个家庭所拥有，住房的前面有花园，周围都有草坪、树木环绕。房子里一般都设有车库以供停放私人汽车之用。在美国的小城镇里，一般以这种独立洋房居多。

城镇楼房指的就是街道两旁互相挨着修建的独立住房。这种房屋一般位于小城镇主街的两旁。另外，一些大城市里，例如在曼哈顿这样的大都市里，城镇楼房也不少。城镇楼房不高，一般低于四层楼的高度，住房之间几乎挨着，房子前面或者后院一般都会建一个小型的花园。

第三种公寓楼通常位于大都市街道的两旁，有点类似我国的高层居民楼。这种公寓楼通常都是复合型公寓，底层一般都作为商业设施，例如超市、洗衣店、水果副食店、健身中心、酒店等。

美国社区协会的产生其实首先是由小城镇的房地产开发商组织起来的。该协会最初叫做“业主协会”，代表的是该社区内所有业主的利益，主要作用是维护当地业主的产权利益，当社区业主与房地产开发商发生矛盾纠纷的时候代表社区业主与房地产开发商进行纠纷谈判。后来，“业主协会”不断发展，其范围也从产权纠纷谈判慢慢扩展到其他的方面。目前，美国大约有 20 多万个社区协会，已成为了美国社区居民中非常重要的一个民间组织。

社区协会由社区内的住户、业主们投票产生，一般设有一个主席职位和若干名委员。社区协会会长对整个社区的业主负责。其主要职责是负责对公寓住宅小区内的一切事物进行管理，聘请物业公司向业主提供服务，管理社区物业的共有部分，如街道、停车场、网球场、游泳池。除此之外，它还负责社区街道的清洁、收集垃圾、扫雪等服务。

社区协会还负责社区内的一些管理性事务，例如负责起草物业管理条例，监督各家各户的行为是否符合物业管理条例。这些物业管理条例的涉及面很多，例如住户养狗的重量、住户外墙面的颜色、住户是否可以在车库前安装篮球架、住户不得将衣服晾在室外，等等。

管理条例中还往往设定一些相关的惩罚措施，如果有业主违反规定，社区协会的工作人员就有权对违反者进行罚款。如果情节严重者，社区协会还可以起诉该住户，甚至还有权将违法的住户驱逐出该社区。社区协会一般会收取一定数额的管理费用，这些费用主要用于清洁、管理等共有项目上。

在全美国，居住社区协会正以每年 9000 个的比例增加。美国小城镇中的居民非常信任社区协会，他们中的许多人将社区协会看作是与市政府一样重要的机构。小城镇政府的官员也非常欢迎居住社区协会的成立，因为这种形式的民间组织更容易接近当地居民，服务的项目也比较多，相对于政府来说，效率和亲和力都要高很多。

另外，社区内的业主们也很欢迎社区协会，因为有了它的管理，社区内的公共财产就可以得到有效的维护和修理，他们可以花少量的钱享受到物业管理带来的好处，如修剪草坪、清扫树叶和积雪等。

谢芳在《美国的居委会》一文中对美国居住社区协会的主要工作作了总结：

（一）协调物业公司与业主的关系

小城镇社区内的广大业主选择和聘请物业公司，监督物业公司工作，协调物业公司与业主的关系。例如，美国某个小城镇里有一栋公寓楼，该楼出于管理的需要要聘请一家物业公司负责管理整个公寓楼的物业。这项工作就由社区协会来负责办理。社区协会经过全体委员讨论后，决定聘用哪家物业公司管理公寓楼。一栋公寓的管理人员主要是物业管理员，他的主要职责是与居民进行全面沟通并针对性地收取一定的业务费用。在高级和比较高级的公寓里都有24小时门卫，等级稍低一点公寓房也都有夜间门卫，老旧公寓一般不设门卫。豪华公寓除了门卫还设立保安人员负责小区巡逻。高级公寓门口都有行李员或者门童负责给住户拿行李和开启大门。公寓楼的电梯一般都有电梯员。公共场所的清洁卫生和住户简单的维修工作都由清洁工完成。住户对于物业公司的管理人员不满，可以直接向居住社区董事会申述，居住社区董事会有权选择来年由哪家物业公司管理。

（二）协调业主与房客的关系

有些房屋拥有者的房子还有空余，于是就选择将房子出租给其他房客。由于社区协会只能由当地的房屋拥有者选举产生，因此一般的房客不能在居住的社区内投票，也不可能成为社区协会的委员或者会员。然而，尽管如此，根据美国各个州的法律规定，房客的利益还是受到法律保护的，因此只要房客有困难或者其他不满意的地方，完全可以找到居住社区协会寻求帮助。以纽约州法律为例，房客的主要权利包括：房主必须确保房客的人身和财产安全；房主必须按照租约规定向对方提供双方已经同意的服务；房主必须对公寓楼进行必要的维修和保养，保持居住环境的清洁、无虫害、无污垢、无垃圾和无其他一切有碍人居住健康的东西；房主必须保证24小时热水供应和空调暖气等设施正常运转；房客在房主严重违反维修和服务的承诺时，可以罢租；遇到房主无理取闹可以直接找居住社区董事会申诉。

（三）协调邻里之间的关系，创建社区互助服务体系

美国小城镇社区“居委会”还有一项重要的职能，就是协调社区内邻里之间的关系。大家都居住在同一个小城镇里，邻里之间相处难免会有磕磕碰碰的时候，有些是当事人无意识的行为，有些却是当事人的有意作为。一般来说，如果是小的冒犯，邻里之间打个招呼，犯事一方主动认个错、及时改正，问题也就迎刃而解了。但是总有一些蛮横之徒，那么受害一方就不得不通过法律途径申诉了。居住社区协会可以“公共目标”为理由行使“督察权”。发生在自己家中或院子里的事情不能简单地理解为是个人的事情，在公共场所，所有居民更是必须遵守公共场所的规定。如果自己家中发生的事情侵犯了其他居民的利益，居住社区协会有权接受居民的举报，进行干预。例如一户人家的院子里有一条小河流过，这户人家有权要求上游的居民不得将废水排放到这条河中。邻里纠纷小的可以在居住社区协会层面解决，如果社区内解决不了，一般才寻求法律的帮助，等待法院的判决。

在美国社区，只要给他人的人身安全和财产带来“伤害、损害和骚扰”的邻里纠纷，都被称之为“麻烦事”。更确切地说，它是根据不成文法中的一项有关“骚扰”的理论，要求每一个业主避免在自己的土地或房产上进行“不合理”的侵扰，例如邻居家受到油烟、噪音的打扰。这类小麻烦基本上属于邻里矛盾，但如若处理不当，也会酿成大祸。因此，居民遇到这类问题首先会求助于居民社区董事会调解。

哪些事情容易引起邻里纠纷呢？其中噪音是最容易引起邻里纠纷的。小汽车在社区行驶按喇叭、家庭装修使用电钻、家中的

小狗无端吼叫、家庭聚会音响声音太大、夫妻打架妨碍邻居休息等都可以向居民社区董事会投诉。接到居民投诉后，居住社区董事会会派管理员前去了解情况，以便作出相应判断。

养宠物也容易引起纠纷。美国人养宠物不限于猫和狗，有的家庭还养大蟒蛇和其他一些稀奇古怪的东西。这方面最容易引起邻里纠纷的是在公寓楼里养狗。1992 年纽约州通过《恶犬法案》禁养恶犬，所谓恶犬就是指对人有明显威胁行为、无故攻击他人致伤残或死亡的犬，但对于一般听话的狗的饲养并不限制。纽约市长下令，要求市房屋局严格执行公共房屋居住规定，取缔政府福利楼（产权属于市政府而租给低收入居民居住）内未按规定饲养的狗。对于养恶犬的住户，房屋局有权勒令他们搬家，这项法令赋予了居住社区董事会处理社区内的恶犬问题的权力。

易引起纠纷的还有庭院清扫和垃圾处理。在美国社区，庭院绿化不是一家一户的事情，如果你家杂草疯长或是寸草不生，你的邻居是不会坐视不管的，他们会将你告到居住社区协会。董事会了解情况后会发给你一张限期整改的通知书，对此你必须认真对待，否则法院的传票就有可能到你家。垃圾处理也是一样，废置电器、破汽车不能在社区随意丢弃，否则也会遇到邻居的举报。

第三节　美国小城镇的学生社区服务

在美国，从中小学开始学校就非常重视学生的素质教育。为了能培养出综合素质较高、各方面全面发展的综合性人才，学校除了在文化课程教学上要求学生打好基础之外，还经常组织学生参与社区服务。通过社区服务这种方式，学生可以更加了解社会，并在服务社会的同时，培养自己见义勇为、乐于助人、服务社会、热心公益事业的优良品质，形成一种高尚的社会风气。

美国的教育是由各个州的政府负责，由于每个州的教育方针、大纲以及教学要求都不尽一样，因而对学生参与社区服务的标准和要求也有所不同。尽管如此，在美国，学生社区服务还是非常普遍的。各个州的教育主管部门都愿意鼓励、引导学生进入社区服务社会。甚至有的高等院校还有明文规定，学生在校期间必须参加多少小时的社区服务工作。

从形式上看，美国的学生社区服务有点类似于我国的“学雷锋”活动。但是，跟我国的“学雷锋”活动有所区别的是，美国的学生社区服务更加普遍、制度化更强、服务形式更多。学生社区服务的形式多种多样，包括到医院、养老院、孤儿院、福利中心、教堂、收容所等进行义务劳动，帮助孤寡老人料理生活；帮助向无家可归的人分发免费食品；参加社区的公益活动；为社区活动计划提供服务，等等。只要是社区公益性的活动，学生都可以参加。

此外，为了能把学生社区服务形成制度，学校在考核方面也会参考学生在社区服务活动中的表现。每个学生除了有一个学习成绩单之外，还有一份社区服务成绩表。两个表同时作为学校考核学生成绩的标准。

学生在参加完社区服务之后，会领到一份由接收单位开具的学生社区服务证明表，该表上记录有该学生的社区服务时间以及服务表现等。这份服务证明表会存入学生的学籍档案中，服务表现成绩则计入成绩表。例如美国马里兰州的教育部门就规定，该州的中学生在校期间必须参加 75 个小时以上的社区服务活动，否则将不能毕业。目前，很多中学都有类似的规定。有些大学，特别是哈佛、耶鲁、斯坦福、伯克利等这样的名牌大学，在学生申请该学校时，校方都会要求学生提供社区服务证明。在录取学生的时候也会优先录取那些社区服务表现突出的学生。如果没有社区服务的记录，一般都不会被录取。

毕业和升学这两条硬性的规定使得学生不能不重视社区服务。在这种制度下，学生社区服务的环境也得以建立。许多孩子每个周末都要去老人院看望老人。他们经常会用轮椅推一位老人到公园里走一圈，陪他聊聊天；有的经常到社区图书馆帮助整理图书；有的利用假期在幼儿园帮忙。亚特兰大奥运会期间，当中国体操运动员桑兰受伤住院时，院方担心由于独在他乡，桑兰人生地疏可能会产生孤独感，想邀请会说中文的学生作义工陪伴她，结果出乎院方的意外，竟然先后有30多名学生前来应征。

就是到了大学，学校也会鼓励大学生参与社区服务活动。在美国有一个正规的团体，名字叫做“公共与社区服务计划”。该团体是一个全国性组织，由75名学校校长组成的。该团体的校长们普遍认为，大学强调个人事业发展有余，而强调志愿服务精神不足，因此，在高等教育中，应该更加强调对为他人服务。所以，美国很多高校把社区服务作为其本科生教育经历中不可缺少的一部分。一般的大学都有规定，要求每个本科生完成一个服务项目，从而参加到社区的或校内的志愿服务工作。例如耶鲁大学的德怀特厅是该校社区服务的中心，每年这里都安排1100名志愿学生到纽黑文社区去服务，其中大部分到医院和公立学校服务，也有的参加为新移民的服务和感化少年犯罪分子的工作。

学生们还自发地搞起了一些其他社会服务项目，包括一条酗酒问题电话热线、一个社区厨房等。在普林斯顿大学，学生义务服务者理事会的成员们参加的服务包括到城里去为少年们作辅导员，访问教养所、精神病医院和老人院。他们还组织数百名有困难的儿童参加探索大自然的野外活动。

凡德比尔特大学的健康服务中心组织学生参加多种服务活动，包括到肯塔基、田纳西和西弗吉尼亚的农村贫穷社区为居民进行体检，与社区领导人共同研究解决保健和环境保护方面的问题，为产妇和婴幼儿提供保健服务。

肯特州立大学的服务学习办公室每年要组织 1500 名本科生参加各种志愿服务活动。这些学生管理学校的急救车服务，他们花相当多的时间用于危机局面的训练、心肺病急救、一般急救及汽车驾驶等。还有一些高年级学生志愿为一年级学生充当辅导员。

美国专家认为:大学教育的质量要以学生参与社会、承担公民义务的意愿、能力来衡量。美国的一本畅销书《大学生活规则》中写到：“大学需要的是贡献者，而不是参与者。大学需要的是在某项活动中自始至终坚持不懈的人，而不是一时狂热，东一榔头西一棒槌的人。对大学来说，最理想的是领导者，但是也要有责任感的追随者，有责任感至关重要。”

据统计，全美 2.8 亿人口中，每年几乎有 1 亿多人次参加各类社区志愿服务活动，其中 85%是青年，主要是学生。

这主要是因为美国社会特别强调学生服务社会，学校也要求学生积极参与社区服务。美国学校把“有知识、有能力、有作为”作为培养下一代的目标和理念。学生参与社区服务有助于学生了解社会、关心社会，将来更好地适应社会，服务社会。除了要求学生参与社区服务，学校还通过各种方式帮助学生接触社会，了解社会。譬如，每学期学校都安排一定的时间，由各科老师组织学生参观，参观内容从独立战争、南北战争遗址，名人名胜，到工厂、农场、科研机构、政府部门，还特别要参观老人院、孤儿院、残疾人福利中心、无家可归者收容所，使学生了解社会的各个方面，并激发他们关心社会、关心他人的爱心。一位家长说，他儿子就是在参观老人院、了解老人在院中的孤独生活后，决定每星期天去老人院作义务服务的。

这种制度的建立非常有利于促进学生的社区服务，在学生参与社区服务的过程中，不光学生自身的素质得到了提高，培养了学生关爱社会的优良品德，同时也服务了社会，营造了一种良好的社会风尚。

第四节 美国小城镇的社区教育

社区教育是实现社区文化整合和居民心理认同的关键力量，也是提升社区综合功能和文明程度的重要手段。在美国的城市社区里边，社区教育非常普遍。对美国经济社会的发展、人口素质的提高都起到了至关重要的作用。美国前总统克林顿曾对美国社区学院作出高度评价："社区学院是美国的最佳特色。"美国微软公司总裁比尔·盖茨说："美国正领导着高科技的潮流。预计在今后的 7 年,美国 80%的新的工作机会将属于高科技。社区学院将扮演重要的角色，保证我们有训练有素的员工使企业能抓住数字化时代的机遇。"这里的社区学院就是社区教育的一种形式。

社区教育较早出现在美国，既是美国经济发展的形势所需，也是其"移民国家"的文化背景使然。19 世纪末 20 世纪初，美国经济快速发展，已经成为全球首屈一指的工业国家。工业经济的高速发展需要更多的劳动力供给。然而，当时美国工厂中工人大多是外来移民，他们缺乏蓝领工人所必要的技能，语言交流能力也比较差。于是，美国的城市社区开始成立一些供技术工人学习、培训的夜校和成人学校，同时出现了社区学校。

由恩德瑞发起的密尔克威公学工程，就是为满足那些把英语作为第二语言的成人而开办的。为适应工业发展的要求，1911

年威斯康星州率先通过一项支持夜校和社区学校的法案，以增进成人教育和识字率工程。20 世纪 30 年代，富兰克·曼尼等政界要员极力提倡密尔克威公学工程，并以此为模范在全国范围内推广。逐渐的，美国开始出现一些社区学校。到 20 世纪 80 年代，美国社区教育协会成立，社区教育有了全国性的组织机构。

社区学院的重要特点在于它立足于社区，专门为社区需要服务。目前，美国小城镇社区学院开设的课程往往体现出多样化、社区化的特色。这些社区学院的收费一般都比较低廉，仅及一般高等院校的 1/3 不到，而且社区学院的高等教育大门向每一个社区居民开放。

目前，美国有 45%的大学生在社区学院学习，而在有的州比例高达 60%以上。由于社区学院立足于社区，服务于社区，社区的居民们都亲切地给社区学院冠以“人民学院”的美称。以社区学院为代表的社区教育，改变了以往社区教育低层次的形象，首次把高等教育模式引进社区，充分实现了社区和学校双方的资源整合，尤其是社区学院所提供的“学士转学课程计划”，使就读于学士转学课程的学生可以在社区学院学习学士前两年的课程。这些课程通常在任何四年制学院和大学都开设。完成文科副学士和理科副学士修业要求的学生可以进入四年制高等院校的三年级继续学习。这些社区学院与某些大学通过签署协议来保证双方紧密衔接，帮助学生实现转学及课程对接。这就把社区内资源和社区外资源有效地接合起来，扩大了资源共享的范围，提升了社区教育的整体水平。人们预计，社区学院将是社区教育今后一段时间内的主流发展模式。

除了社区学院教育这种教育方式之外，美国小城镇还积极筹建社区图书馆，以此为社区的居民提供报刊、杂志、书籍，满足社区人民的文化生活需求。

在美国，公共图书馆非常普及，基本上每个社区都拥有一家公共图书馆。每当你搬到一个社区，你就能马上找到该社区的图书馆。另外，图书馆办理借阅手续都非常简单，你只需要拿着近期标有家庭地址的电话账单，或其他证明你是本地居民的证件去图书馆前台，证实你是该社区的居民，即可免费办理该社区图书馆的图书借阅证。

图书馆的服务体现了人性化的原则。他们都常会根据读者年龄层的不同而提供了不同种类的图书借阅和音像磁带借阅服务。图书馆内也根据读者的年龄层标准分为：成人阅览区、青少年阅览区和儿童活动阅览区。所有借阅书架都是开放式的，借阅者可以先从电脑上按照分类表查找所要书籍的编号，然后到相应书架上寻取，最后在前台办理借阅手续。一本书的借阅时间大致为一个月，音像制品为两周左右。

社区图书馆的少儿阅览区，都是根据儿童、少年的行为习惯和爱好而设计的。以纽约州长岛的绅德睿智社区中部乡村公共图书馆为例，这里的儿童阅览区不仅有供儿童阅读图书的阅读区，同时还针对儿童天生好玩、好动的特点，专门为儿童读者们设立了活动区。

在活动区内，小朋友们可以一起玩拼图游戏、搭积木、开小火车等。在阅读区设有适合儿童用的低矮书架，填色画纸、蜡笔、画板摆放在那里，小朋友们可以随意画画、写字或者和父母一起读书。电脑区则提供适合不同年龄段的儿童益智游戏，儿童区的工作人员随时应要求来帮孩子选择游戏。这里还有义工帮助孩子学习功课。

成人阅览区的设计也很人性化。这里的服务人员和蔼可亲，管理人员都需要图书馆专业毕业，熟悉本图书馆的各个方面。以东瑟托克社区的爱玛图书馆为例，成人部上下共三层楼。地下以互联网上网服务和电子资料查询为主；一层设总服务台、图书查询处、书架，和音像制品借阅架以及一个富有家居情调的豪华欧式阅览室；二层以书架为主。社区公共图书馆除了有借阅功能以外，同时还有许多配套的社区活动项目，并提供了公益活动的场所。活动项目适合从几个月大的儿童到80岁的老人,涵盖面很广。

社区图书馆已成为社区文化活动的纽带，提供给社区各个层面的人群以不同的服务，儿童已把它当作放学后的安全之所；老人已把它当作排解寂寞之处；成年人已把它当作自我完善之地；来美国的新移民已把它当作融入美国社会的第一课堂。社区图书馆成为整个社会的一个有机的细胞，与社区服务和社区生活相辅相成。

美国小城镇逸闻趣事摘编 4

明星动物当市长

在安萨市这个加利福尼亚州的一个小城，你不仅可以观赏田园风光，幸运的话，还能得到当地市长的接见，和它握一握手。这个市长有点特别，它是一只山羊，名叫奥菲，是安萨市的荣誉市长。奥菲在当地是位政治明星，它最大的能力就是筹集款项。因此为了感谢它的贡献，安萨选民把它选为“荣誉市长”。

筹款能力最强的羊市长

说起奥菲，它只是一只普通的山羊，被饲养的原始目的是充当饭桌上的羊肉，它的主人丹·贺塔多在3年前无意中看到它的母亲——一只努比亚种山羊，在一个风雪交加的日子里把它遗弃在路边，于是就把它领了回家。奥菲当时只有3磅重，被领回家时已经冻得快死，贺塔多的妻子卡罗·安·史密斯马上拿来吹风机为它取暖，还用奶瓶喂它奶喝。后来，贺塔多根据自己最喜欢的电视剧中的主角的名字——奥菲，来为小山羊命名。

奥菲能成为“荣誉市长”，得益于近30年来安萨市一个传统，该市每年都要评选一次“荣誉市长”，这一称号是要颁发给为本城筹集最多慈善捐款的人。

当地有几个政客都很希望得到这个头衔，他们的竞选活动筹备都是专业的，有的候选人举行慈善聚餐活动，有的抱着志在必得的自信，甚至提前印好了盖有市长签名的信纸、文具等。

史密斯一家也听说了选举的消息，他们无意中得知得克萨斯州一个小城镇，连续多年由山羊当市长，而且一代传一代，目前担任市长的已是第3代山羊——克莱·亨利三世。

史密斯夫妇听到山羊也可以当市长的故事后，他们心动了。于是他们带着已经长到200多磅的奥菲参加各种慈善活动，在沙龙和各俱乐部里利用奥菲募捐，并最终为当地一所高中筹集到一项2000多美元的奖学金基金。在整个竞选活动中，听话的奥菲任主人摆布。但奥匪毕竟是一只山羊，自然少不了出丑。在一次庆功宴上，因为尿布绑得不严实，奥菲当众“尿了裤子”。

不过这没影响到奥菲的仕途。不久奥菲打败了包括竞选连任的前市长卡尔·龙等三名候选人，成为了安萨市新一任的“荣誉市长”。

亲民又清廉的驴市长

实际上，把动物选举为市长的例子，在美国绝对不止奥菲一个，除了山羊以外，选民们把驴子、狗、猪、野兔等一个个捧到市长或市长候选人的位置。把动物选为市长的城市都有一个共同的特征：小城市，人口稀疏，地理位置较偏远。这些动物政治明星“上台”的一个重要原因就是通过它们来吸引好奇的游客，提高城市知名度，发展旅游业。

在科罗拉多州有一个叫佛罗里森的小城镇，就选了一头名“帕科·贝尔”的驴子当市长，选委会主席西林达·凯林对记者说：“如果要保证政治清明的话，选驴子当市长就足够了。我们现在为选市长制订了一个标准——要够傻，够呆，就像一头驴子。”看来清廉对于动物市长的当选也是至关重要。

被施安乐死的狗市长

在肯塔基州一个小镇，甚至出现了猪、狗和驴子对垒的情况，而候选人之一的狗的竞选宣言竟然是承诺不在市民的车胎上撒尿。

还有一个拉比哈什小镇，1998 年进行地方选举时，其中一名候选人是只叫“高飞”的狗，许多选民怨声载道，他们担心一旦让狗做了他们的“上级领导”，会让城市形象显得幼稚而愚蠢。不过让他们大跌眼镜的是，“高飞狗”的支持率节节攀升，根据“投一票，向候选人捐一美元”的规则，“高飞狗”竟然筹集了至少 9000 美元，即是说至少有 9000 名选民支持它，在这个人口并不多的城市，最后“高飞狗”赢得了这次竞选。纪录片《拉比哈什——宇宙的中心》就是全程跟踪了这次选举的进展而拍摄的。这部纪录片后来还作为了宾夕法尼亚州电影节的参展影片。

居民对市长“高飞狗”的评价是：“它从来不咬人，还很喜欢和孩子们亲近，这是一个真正亲民的市长。”不过，“高飞狗”后来生病，不得不安排安乐死，看来这是全世界第一个对政府官员实施安乐死的城市了。

既然是市长，它们也有“政敌”就并不奇怪了。

安萨市商人就以破坏城市形象联合对奥菲“倒阁”，失去财政支持的动物市长只好黯然下台。当地商会就是“市长”奥菲的最大对手，商人们担心选一头山羊当市长，不仅会降低本市的形象和威信，而且会让外界误认为安萨市是农村，5000 多名居民是“乡下人”，越来越多人可能因为这样而离开安萨，搬到别的城市去。商会因此建议把奥菲“驱逐”出市。商会主席罗宾·格里森甚至威胁，如果他们不撤销奥菲的头衔，他们就会考虑集体离开安萨市。“如果你是个投资者，听说市长是只山羊，你还会把钱投到那个地方去吗?”格里森说，“我只是希望当外界提到安萨市时是以一种尊重的态度，而不是把我们当小丑。”为了表示抗议，商会成员全部缺席投票，不过这仍然没有妨碍奥菲成为当地报章的当红新闻主角。

但奥菲的支持者则反驳说，市长的资格应该按政绩来评价，那为什么不能让一头山羊当市长呢？山羊市长做得的确比一个人要做得好。

就是否让让奥菲下台的问题，把安萨市分裂成两个立场鲜明相对的阵营，双方争论不休。

不过，竞选结束没过多久，当地政府就得面对现实问题：由于缺乏商会的财政支持，政府难以运作。于是，“短命市长”奥菲只能黯然下台。当地报纸普遍以大标题“市长辞职”来报道奥菲离开政府的新闻，不过奥菲本人似乎一点也不留恋权力，逃脱了屠宰场的它后半辈子可保证生活无忧，至少不会被煮熟了端到饭桌上。

还有一些市长的命运也并不是特别顺利，肯塔基州一小城镇的市长亨利三世就因偷酒喝而被游客阉掉。那是几年前，亨利三世因为喝光了一个游客的啤酒，该游客一怒之下把它阉了。此事震动了全市，居民以虐待动物的罪名把该游客告上了法庭。最后，那名游客被罚款结案。不过这件事让亨利三世名声大振，全国各地许多同情它的人纷纷寄来捐款，亨利三世为该市又筹集了一笔钱，这笔钱后来被捐给了当地的小学。自此，亨利三世就有了一句名言：“我要喝啤酒！”而喂它喝啤酒也就成了最受游客喜爱的节目。

让我们记住这些动物市长的名字和任期吧：

狗　博斯科加州森尼尔市　1981年～1991年

狗　高飞肯塔基州拉比哈什市　1998年～2001年

山羊　奥菲加州安萨市　2003年～2004年

狗　珍妮尔　肯塔基州拉比哈什市　现任

山羊　克莱·亨利三世　得克萨斯州一小城镇　现任

狗　德尔林　得克萨斯州阿比林市　现任

驴子　帕科·贝尔　科罗拉多州佛罗里森市　现任

第五章　美国小城镇的基础设施建设

城市基础设施指的是涉及城市生产生活所必需的供水、排水、道路、交通、供热、供气、园林、绿化以及环境卫生等方面的公共设施。它既是城市运行的基础，也是城市活动所产生的人流、物流、信息流的最基础的载体。随着城市的发展，对城市基础设施建设的要求也相应提高，而且基础设施建设对城市发展兼有带动和制约的作用。

目前对城市基础设施的分类大致分为两类：第一类是社会性基础设施，主要是为人们的社会生活服务，例如文化、教育、体育、卫生、住宅、商店等。第二类是技术性基础设施，对城市运转起到技术性支持作用，既为人民生活服务，又为工农业生产服务，例如道路、桥梁；给排水、污水处理设施；城市用电、用气、供暖系统；邮电、通讯事业；园林绿化、环境保护等方面。可以看出，社会性基础设施要以技术性基础设施为基础，技术性基础设施是基础的基础。本章主要讲述技术性基础设施，关于社会性基础设施的介绍分散在本书其他的章节。

美国地方政府非常重视基础设施建设。建国以来，美国的基础设施建设不断发展，目前已经形成了遍及全国的通讯、交通、电力等设施。如果从一张蜘蛛网般的全美交通地图上看，四通八达、密密麻麻的大小公路，就如同毛细血管一样，把整个美国星罗棋布的大小城镇连成一体。有人说蒙古是个骑在马被上的国家，那么把美国称为“车轮上的国家”一点也不过分。整个美国有2亿多人口，汽车拥有量达到1.5亿辆，一个家庭拥有好几辆汽车是很正常的事情。汽车在美国人的生活中起着很重要的作用，美国小城镇的居民出行也大都自己驾车。因此，以公路交通等为代表的基础设施建设对美国人民，尤其是居住在小城镇中的人民来说就极为重要了。

第一节 美国的基础设施建设概述

基础设施根据其性质的不同，可以将其分成传统的基础设施和现代基础设施两类。传统基础设施包括交通、供水、电力等方面。近些年来，以通讯设备为代表的新一代技术发展迅猛，给人们的日常生活带了翻天覆地的变化，因此，不少人也把通讯、网络为代表的基本生活设施称之为现代基础设施。

一、传统的基础设施

（一）交通

美国的国土面积广大，但交通路网设施极为发达，公路、铁路和航空互为补充，特别是有“连接美国每一寸土地”美誉的洲际公路网，使得美国人的出行十分便利。历史上，美国依靠修筑收费道路的方式从陆路开始了交通革命。19世纪40年代又形成了世界最发达的运河网。1828年美国开始修筑铁路，到1887年，全国数以万计的大小城镇已由铁路网连接起来。铁路运输不仅促进了西部开发和城镇发展，而且大大刺激了工业革命，对工业化和城镇化起了关键作用。

美国的交通由联邦政府交通部管理，它的职能主要是制定运输的发展规划和方针政策，引导和规范运输经营者的经营行为和投资方向，通过市场调节运力和资源配置。地方上，各州、市和区各层次都有交通部门，按照分工分别担任一定区域和一定层次的交通运输管理任务，从而全国上下组成了一个庞大的综合运输管理网。也就是说，美国的交通网不仅仅在大城市之间很发达，在小城镇依然很发达，其中包括了公路、铁路、航空以及一些特定地理位置的水路交通。

横贯美国大陆铁路从 1862 开始由两家公司分别自东向西和自西向东来铺设，于 1869 在犹他州汇合。之后，西部又先后于 1868 年 ~1873 年，1879 年 ~1884 年和 1886 年 ~1891 年掀起三次铁路建设的高潮，相继完成了另外三条横贯大陆的铁路干线。1893 年，铁路路网铺设完成。铁路铺设点燃了美国西部城市化的导火索，铁路沿线不断创建新的城镇，这些城镇添补了城市化在某些地区的空白。

在铁路由东向西推进时，每一段铁路附近都留下铁路工人的住地及与之配套的仓库等设施。铁路完工后一些住地废弃了，但也有少部分被保存下来并扩大成为“铁路城镇”。当时，美国政府采取政策对铁路附近的土地以各种方式赠与，这些赠与的土地被铁路公司转卖给移民和一些城镇开发公司，这样逐渐形成了后来的“铁路城镇”。

同时，那些原来就靠近铁路线的旧市镇或村庄，由于铁路的建成，人口增加，经济发展，而且这些市镇和村庄的性质也发生了变化，成为美国的小城镇。当时，那些老的市镇和新的“铁路城镇”间为争夺铁路铺设而产生了激烈的竞争，导致城市结构的重新组合并在地理分布上均衡化发展。同时铁路带来的大量移民以及铁路沿线的农产品进入东部和全国市场，也加速了这些地区的产业结构调整，形成以专业化生产格局，从而最终形成了美国西部区域的城镇格局。

与发达的铁路网相媲美的是美国的航空业。美国的很多大城市都有多个国际机场，甚至在一些边远的小城市，航班也照样能够达到。美国人出行如果距离短的话一般是选择自行驾车，如果距离稍远（例如从东海岸到西海岸），一般都会选择乘坐飞机。美国的航线非常多，基本上中心城市之间都有航线飞行。乘坐飞机如同市内乘坐公共汽车一样方便，因此被很多人称之为“空中巴士”。

（二）供水系统

美国的城镇供水管理体制大致可分为三级管理：联邦、州和地方。联邦一级的政府管理机构是环保局，管理的内容是饮用水水质、水源水质及水环境。州一级管理机构因地域、人口、水资源及其分布等自然和经济社会情况不同，差别很大。不同的州由于面临的情况不同会兴建一些不同的项目。地方包括县级和市级小城镇，其管理机构完全根据需要设立，没有统一固定的模式。

一些地方的管理机构实际上是一个非营利的服务实体，具体的职能是制定自来水建设或改造方案，筹集资金，建设和管理自来水工程。除了政府管理机构外，美国城镇供水体系中还存在着很有特色的一类中介组织，例如水工程联合会和水环境联合会。这是两个联系广泛、涉及内容全面、活动方式灵活、不以营利为目的的国际性组织，成员包括国内外政府部门、高等学校、研究机构、工程建设和管理单位、水厂、设备生产和销售企业的政府官员、工程师、水厂经理、管理员、化验员、大学教授、研究人员、学生、设备制造商、销售商和其他环境专家共 4 万多人。

活动内容主要涉及与自来水建设和水环境有关的方针政策、法律规范、专业技术、管理经验、最新研究成果及发展趋势等。活动方式有研究开发、技术培训、信息咨询、组织会议与经验交流、出版发行物等。美国由于体制关系，联邦政府管理机构对地方事宜是很少管的，但是这些中介组织的存在，使得政府机构与供水企业和用水单位之间的关系得以协调。

美国城镇的水厂除有的由私人公司投资建设和管理外，绝大部分都由政府筹资兴建。资金来源上有三种，一是财政拨款；二是政府贷款；三是向社会发行债券。经营的自来水，政府规定无须纳税，但是有一个基本的定价原则，即成本费用加合理利润。如果水厂的建设资金来源于贷款和发行债券，那么经营自来水的利润率可以略高于贷款或债券利率，以保证按期还贷或还债。

近些年来，美国的供水系统也在发生改变，主要是从传统的以需定供的规划方法向综合资源规划法转变。传统供水系统规划主要根据规划人口数和设定的用水量定额计算需水量,从而确定供水规模；但是到了 20 世纪 70 年代初，美国水资源委员会已认为这种做法会导致大规模地开发新水源，在用水经济、水污染、水文生态后果上，都无法承受，因此在第二次全国水资源评价中，要求对需水量加以管理，强调节水和水的重复利用。

此后，美国便开始将综合资源规划法引入供水规划中，即把供水系统需水方与供水方对需水量管理(即节水措施)最小成本的优选方案综合成为一个总体规划，降低系统的运行成本，降低对系统供水能力的要求，延长设施使用年限，减小新建工程规模，推迟或避免新的大型水源工程建设。采取的措施主要是普及水表设置，建立供水账目进行漏损控制。节水在许多方面始于供水一方，建立供水账目可在全供水系统追踪水的去向，查明值得注意的未记入账户的用水大户，最终得到未查出账户的水量。之后采取相应控制措施；提出测漏与修理措施；采用自动检测仪表和遥测技术，监控水源与输配水设施；制定包括减少日常维护用水在内的防止系统供水漏损计划，进行用水审计等措施。显然，各个地方小城镇是这些措施的具体实施者。

二、现代基础设施——信息基础设施

美国是世界上电话通讯最发达的国家之一。在公路两边看不到架空的电缆，所有的管道都与公路同步建设。只有像旧金山等一些老城市里还保留着一部分架空的电缆和挂在墙壁上的电缆以及五六十年代的木杆和竖型的分线箱。美国的公用电话很多，几乎街道上随处可见。公用电话亭大都是金属外壳的投币电话，使用一美元的硬币即可以打本地电话，也可以拨打长途电话甚至国际电话。在美国公路两侧，甚至几乎没隔 500 公尺就有一部装在黄匣子里的应急电话，由此可见美国电话线路的覆盖程度。

美国在第二次世界大战之后信息技术的高速发展是与其在科技上的领先密不可分的，据统计，美国有 2/3 的工人从事与信息有关的工作，其余 1/3 则在紧密依赖于信息的工业中工作。为了保住其在科技领域的优势，使全民共享信息资源，美国近些年来正在积极实施全国范围的信息基础设施。

美国的信息基础设施又称“网络之网”，它不仅包括传递、存储、处理、显示声音、数据、图像的各种物理设施，还包括其他的各种先进设备，如微波网络、卫星、光纤，以及把它们联系成一个整体的各种要素，如代码、标准、协议等。美国的信息基础设施不仅在大城市具备良好的条件，即使在小城镇依然发展良好，它使美国人无论在何时何地都能同自己想要联系的人见面谈话，并进行信息交流和处理事务。美国发展信息基础设施的一个理想目的是要使所有的美国人克服地理位置、经济状况、身体缺陷的限制，获得公平的机会发展自己。

随着美国社会信息化建设进程的加快，如金融信息化、电子商务、电子政务的快速发展，信息基础设施的建设更多地转向软件部分，重点是解决经济、文化等重要领域信息系统的信息安全问题，提高安全保护水平，增强信息安全积极防御与反应能力。

目前，美国正在积极地构建一个安全的信息基础设施平台，为电子商务、电子政务、电子事务提供良好的应用环境。其中利用公钥理论和技术建立的提供安全服务的基础设施——公钥基础设施就是能很好地满足这一需求的信息基础设施。

公钥基础设施的实施通过一个叫联邦桥认证机构的机构来完成，该机构从规划到正式上线营运共经历两个阶段：第一阶段联邦桥认证机构以原型方式呈现，作为测试用途；第二阶段是正式营运的联邦桥认证机构。

联邦桥认证机构的原型于2000年开始运作，并进行了一系列的安全电子邮件的数字签名的测试。其测试结果显示信任域之间的互操作性基本上是可以实现的。2001年联邦桥认证机构正式开始对外开放，接受联邦政府部门与联邦桥认证机构相互认证的申请。联邦桥认证机构的原型实验将继续离线进行。

目前美国国家航空航天局、农业部、国防部和依利诺州政府等部门已提出申请，正在进行与联邦桥认证机构交互认证的准备工作。可以看到，公钥基础设施虽然是从联邦角度构建的，但是对已经拥有基础信息设施的全国所有城镇来讲，都将从这一基础设施中受益。

第二节　美国基础设施的融资方式

基础设施投资或基础设施资本通常是由政府拥有或管制的，但是在美国，基础设施的资本筹集除了政府自身的投资外，还有其他的投资主体。高速公路、机场、港口、公用事业系统、铁路、饮排水系统及通讯网络这些项目均可看作基础设施投资的例子。

不同性质的基础设施项目的融资情况是不同的，经常呈现出公共投资与私人投资相混合的特征，例如因特网；有的是由政府全额投资，例如高速公路网；还有的完全有私人投资者投资，例如铁路，尽管联邦政府通过土地赠与的方式对其进行了相当的资助。现代的基础设施常用的融资方式还有资产证券化和项目融资形式。

资产证券化，是指通过在资本市场和货币市场发行证券筹资的一种直接融资方式。商业票据、有抵押债券、股票等都属于这种形式的资产证券化。运用这种方法，借款人可以向市场上的投资者直接借款而不再需要向银行申请贷款或透支。那些具有良好收益的基础设施项目可以采用这种融资方式来筹集资金。

项目融资是为一个特定经济实体所安排的融资，其贷款人在最初考虑安排贷款时，满足于使用该经济实体的现金流量和收益作为偿还贷款的资金来源，并且满足于使用该经济实体的资产作为贷款的安全保障。项目融资是一系列金融工具和法律工具的组合，操作复杂，但是具有很强的杠杆效应，适合为大型基础项目融资。

美国小城镇基础设施的建设情况各有不同，所以在融资上也没有统一固定的模式，下面以美国西部开发中基础设施建设的投资模式为例，来描述一下基础设施建设中的投资问题。

19 世纪中期，开发美国西部面临着两大基础设施建设:一是江河水利设施；二是公路交通线。水利设施基础建设所需的投资额度相当大，而当时的美国财政无法负担，所以采取了分步实施的办法，即每年政府财政拨一定款项整治江河和兴修水利设施。

当时，水利设施建设全是由国会拨专款，属于政府投资行为，政府投资持续了 50 余年，这虽给财政增加了很大压力，但非常必要。经过半个多世纪的努力，到20世纪初，西部洪涝区的水利设施开始显示效益，但这时也发现了一个问题——每当洪水过后，人们总是尽早地排干洪水冲积区域内的积水，使之变成田地为己所用；后来发展到修建河堤以后可以保护和新形成的河滩地、河床地都被个人或集团圈占。这种投资和利益不相联系的政策无法为继，于是美国国会通过立法将西部水利设施建设项目作为“公共资助项目”对待，即政府只投资一部分，鼓励民间社团、企业、财团和国际组织参与西部基础设施和公共项目的投资建设；而作为对投资者的回报，是将修建水利设施以后(如修建江河堤防后)所保护的土地和新形成的土地部分使用权划归投资者所有，投资者可以将这部分土地出租或转卖给使用者去开垦为良田或修建厂房、商店(当然,这是在统一规划下进行的),这样,对基础设施的投资者就可以收回部分投资再用于新的投资建设。

投资回报的期望极大地调动了民间投资的积极性，使基础设施投资规模得到滚动发展，从而减轻了政府的压力。这种投资回报模式后来在交通建设中也得到了应用:投资西部建设公路、铁路的法人，有权开发公路(铁路)沿线的土地出售给(或出租)开店、办厂、居住的人，这样就形成了“基础设施——房地产——城镇”连续发展的模式。根据这项开发政策，当时投资西部基础设施的公司、财团都有了众多的土地和房屋作存量资产，从而使西部城镇大量形成。美国在西部开发初期阶段在基础设施投资政策上也曾走过弯路，后来吸取经验教训才形成了前述比较符合当时美国国情的西部投资政策法规，前后历经百余年，才使西部繁荣起来，并使东西部经济得以基本平衡的发展。

第三节 美国小城镇基础设施的管理方式

由于美国基础设施的投资结构是多元化的，它的管理体系也是多元化的。大致可以分为以下两个方面：

一、政府对基础设施的管理

对小城镇来讲，依靠一个由公路、通讯和服务组成的系统与农村、其他城镇和大中型城市联系起来非常重要。在一个行政区中，不同城镇联系所产生的协同效益是巨大的。但是这类系统的投资不应该也不可能完全由城镇当局负担，高一级的政府甚至是中央政府都应对之进行必要的投资和政策支持。例如前面提到的公钥基础设施的建设就是由联邦公钥基础设施筹委会、联邦公钥基础设施政策中心这些中央级政府组织建设并直接管理的。出于对美国国家安全的考虑，美国政府认定以下几类定位为关键基础设施：电力系统，包括发电站、配电站以及传送电网；燃气和石油产品的生产、储存和分发；电信，包括与处理、储存、传送数据和信息有关的计算机和电信设备，以及相应软件和程序处理；银行和金融；水处理系统，包括为生活和工业提供的水源、水库、水的传送系统，以及水过滤、清洁等水处理系统；运输，主要指航运、水运、公路、铁路运输等；紧急服务，包括医疗、警察、消防和救援等；政府设施。对于关键基础设施，各级政府的控制力是比较强的。

二、企业化经营

对美国这样高度市场经济的国家而言，企业化经营基础设施的情况更加普遍。如前所述，即使是财政投资建设的基础设施在建成后其所有权核使用权也是分离的。经营基础设施的企业在财务上自负盈亏，在经营上是集建设、维护、改善、管理、使用于一体，其综合程度之高，经营业务之广，是难以想象的。例如美国有一个高速公路经营实体，除公路运营的收入外，还广泛涉猎于旅游、饮食服务、旅馆、修理、供油供水、房地产、金融、保险和商贸等多种行业，总之，什么能赚钱就干什么，其经营机制非常灵活。当初建设高速公路时国家向该公司的投资，建成后经营不到10年就全部收回。此外，他们还直接和间接地向社会提供了2万多个就业机会，每年经济效益达数千万美元。

下面仍然用美国历史上著名的横贯大陆铁路的铺设来说明基础设施的建设和管理中政府和企业的情况。

（一）政府通过政策和法律对铁路公司进行援助

许多铁路尤其是横跨北美大陆的铁路在其建设时，政府主要通过联邦土地赠予体制给予鼓励和支持。政府的这种做法可以追溯到1802年建立俄亥俄州的立法，当时联邦政府许诺将该州公共土地销售收入的5%捐献出来，帮助建公路。此后，联邦政府这一做法扩大到其他领域。但这些土地赠予和联邦政府对铁路建设的土地赠予比起来就显得相形见绌了。1850年，国会通过了一项法案，规定连接芝加哥和莫比尔铁路任一侧的36平方英里土地所含36块1平方英里土地彼此相隔的18倍赠予铁路沿线各州。这些赠予的土地销售后的收入将被用来支付铁路建设费用。作为土地赠予的回报，联邦政府可免费使用这条铁路运送美国军队，并且邮件费用也由国会来定。随后，1862年和1864年,联邦政府两次制定《太平洋铁路法》，开创了对铁路公司直接赠予土地的做法。根据上述法案，累计达1.6亿英亩的公共土地被转到私人铁路公司手中。

（二）企业通过市场形成运营管理权

铁路的运营天生具有一种垄断性。铁路的固定成本和经营成本是固定不变的，它不可能像其他企业那样，自行调节企业生产，降低固定成本。铁路的盈亏主要取决于运输量的多寡，因此争夺运输量成为铁路竞争的核心。它们通过建立支线，尤其是控制已有铁路线的方法扩大运输量。到19世纪80年代，中央太平洋铁路公司通过租赁南方太平洋铁路，垄断了旧金山到新奥尔良的全部铁路线；圣菲铁路公司建立了东达芝加哥，西抵旧金山的运输网络；联合太平洋公司也通过联合方式修建了直抵太平洋海岸的铁路；北方太平洋铁路公司则控制了西部的铁路运输，从而形成了4个横贯大陆的铁路运输体系。到20世纪90年代，由于严重的经济危机和金融资本的渗透，出现了铁路大兼并。通过兼并与购买，西部大部分铁路被纳入两个庞大的铁路帝国，即哈里曼铁路帝国和希尔铁路帝国。铁路帝国形成后完全垄断了西部交通运输，从而决定了西部城市的建立和兴衰以及农业生产发展格局，掌握了西部经济的命脉，因为那里“人们没有其他运输手段，这样铁路就可以用几美分的小麦和牲畜运费变化建立一个企业或毁灭一个社区。”

美国小城镇逸闻趣事摘编　5

买下小镇度人生

你花60万美元在国外购买一个小镇，然后在那里你可以安度人生。现在是到了实现你这个梦想的时候了。

目前在网上出现了一个价格昂贵的拍卖品——一个小城镇。12月27日，美国加州北部一座名叫布里吉维尔的小镇以大约178万美元的价格成交。这个城镇包括480亩土地、2.5公里长的河岸、9 所房屋、4 间小木屋、一个果园、一处墓地、一个邮政所和一部挖土机。其中还有一处叫做“中国营地”的古迹，据说 19 世纪末中国筑路工人曾在那里居住过。

“拥有整个布里吉维尔乡村小镇!”这个小镇的招标广告颇有诱惑力。小镇上的建筑虽大多已经破旧，可周围的环境却优美宁静。红木成林，溪水潺潺，按广告上的说法，那可是“一个潜在的旅游度假村”。但也因为它的破旧，买主至少还要再投入几十万美元进行改建和修缮。

11 月 27 日，这座小镇第一次上网拍卖，底价为 60 万美元，仅相当于旧金山一套普通的三居室价格。第一个出价的人只给了 5000 美元。经过 250 余次竞价，在规定时间的最后几秒里，有人开出了 177.877 万美元的价格。对于那些富豪来说，178 万美元不过是小菜一碟。这笔钱在纽约曼哈顿，只能买到一套高级的两室或三室公寓住宅。

这座小镇此前已经多次出现在土地交易市场上，拉波家族在 1972 年以 15 万美元购得这块土地，5 年之后就想出手，均未成功。没想到他们这次借助网上拍卖而声名大振，吸引了很多人的目光。甚至一些外国媒体也频频打来电话采访。圣诞节期间，竞价突涨，从 80 万一下子蹿到了 160 多万美元。

买主到目前还没有露面。按照拍卖网站的惯例，不动产的网上拍卖虽有时间限制，但卖主并非必须按最高竞价出售。通常是由卖主与开价最高的买主商量。负责在网上拍卖这座小镇的中间商说，拍卖期限过后，仍有一些外国人打电话或发电子邮件，表示愿意以更高价格购买。但卖主拉波家族表示，他们仍将会与开出约178 万美元的买主商量。本次拍卖不包括那条通过小镇本就属于政府的公路和一座已被登记为历史名胜的老桥。小镇上没有商店，没有电影院，也没有餐馆。新主人有权利要求居住在小镇的 20 多个居民搬出还是继续租住。

第六章　美国小城镇的产业发展

第一节　美国小城镇的产业发展概况

一、美国产业发展概况

美国是当今世界经济最发达的国家之一。美国工业的现代化程度很高，工业生产总值居世界首位，钢铁、汽车、宇航、飞机、电子、化学等工业都居世界前列。在对外贸易方面，美国是输出工农业产品数量最多，产值最大的国家，也是进口小汽车、钢铁、石油、纺织品最多的国家。

美国的工业主要分布在东部、南部和西部三大地区。其中，东部地区包括五大湖以及大西洋沿岸地区。这里蕴藏有大量的铁矿，同时交通也比较便利，是全国的钢铁、汽车、化学等工业的集中分布区。自 20 世纪 60 年代以来，美国在开发区应用新资源、新技术的基础上加快了南部和西部工业的发展，形成了新的人口密集的城市和工业区。这就是人们常讲的“阳光地”的兴起。南部地区主要包括墨西哥湾西北地区，这里是美国的主要石油产地，同时也是美国的宇宙航空研究和发展中心。美国西部的加利福尼亚州是西部经济最发达的地区，宇航、电子、飞机制造等工业发展较快；旧金山是西部的大港口，附近的“硅谷”是新兴电子工业中心；洛杉矶是西部人口最多的城市和海港，主要生产飞机、精密机械等；好莱坞是美国电影、电视工业中心。

在美国工业中，制造业占了全国生产总额的3/4，每年有4500亿美元左右的收入。这个数目反映出美国制造业的价值，其中还不包括原料费、补给费、燃料费等费用。美国是世界上第一大生产国。就工业基本金属钢铁来说，美国产量占世界1/5；汽车产量占世界1/4，肉类产量占世界1/5，铝产量占世界1/3。在乳酪、衣服、化学品、纸张、纸板、纺织品及其他许多制造品上，美国都居世界上的领导地位。在印刷业与出版业上，美国也是首屈一指的国家。其最大的生产工业首推机械制造，其次是食品制造业，其他占领导地位的制造工业还包括运输装备、化学品、电器与电子器材、基本金属、印刷业、出版业、纸张制造业以及金属产品制造业等。

美国工业品制造以加州为首，其次为纽约州、俄亥俄州、伊利诺州、宾州以及密执安等制造业中心。美国第一个工业制造中心是沿着新英格兰地区河流发展的，来自湍急的河流与瀑布的水力可以推动工厂的机器。自从煤变成动力的主要来源后，许多的工厂迁移到宾州或其他州的产煤地区。大的工业城市如伯明罕、克利夫兰与匹兹堡都是因产煤而兴盛的。等到石油和电力成为重要能源后，有些工业就不再设于产煤区了，只要在人力或原料充足的地方，都可以设立工厂。

二、美国小城镇的产业简介

在20世纪六七十年代以后，伴随着先进机器的应用以及工业自动化的发展，美国的产业结构发生了很大变化。尤其是20世纪90年代以后，工业生产流程中采用了智能型机器，极大地提高了产品的产量和质量，办公技术也发生了很大的变革，此前许多人工型的岗位都由电脑网络所取代。因此，以前的制造业就业人数在不断下降，很多人转向服务业就业。在这样的背景下，美国的服务业发展迅速。

目前在美国小城镇的产业中，主要以高技术制造业、零售业以及商业服务业为主，主要是为当地居民提供生活所需的商品和服务。

（一）高技术制造业

20世纪末，以电子产品、通讯设施为代表的高技术制造业发展迅速。由于高技术制造业对周边生产环境的要求比较高，郊区小城镇安静的环境恰恰符合高新技术产业的生产要求。另外，在中心城市设立生产研究的成本太高，因此很多高新技术企业选择在郊区的小城镇中设立生产基地。目前，很多高技术的制造产业大都集中在中心城市的郊区地带。其中最著名的就是美国的“硅谷”。

（二）零售业

美国小城镇中的另一个重要产业就是零售业，包括大一点的超市以及零售小卖部等。美国很多的小城镇本身就是国内的旅游胜地和休闲、娱乐地。因此，不少小城镇将出售具有地方性特色的专业性商品以及高档奢侈品作为主要收入来源。

（三）商业服务业

随着金融、通信、管理等领域的不断发展，越来越多的商业服务行业开始出现并不断发展。商业服务业包括会计、法律、物业管理、咨询、维修等服务行业。

（四）保健和养老服务

保健和养老服务在美国小城镇中占有很大的规模。由于生活水平的不断提高，人类的寿命不断延长，加上新的医疗技术的不断发展，越来越多的美国人开始关注保健和养老问题。美国的小城镇中一般都建有健身中心、养老服务中心等，同时也有专门的私人诊所提供包括牙齿护理、皮肤护理等方面的保健卫生服务。

（五）教育产业

在很多美国的小城镇中，都设有地方图书馆、画廊、社区学院等。这些配套设施的出现，为丰富当地居民的文化知识，提高居民的文化素养都有非常重要的意义。

第二节　美国地方政府是如何吸引投资的

美国采用的不是全国统一的税制，而是采用分税制，即联邦政府、州政府以及地方政府分别征收不同种类的税种，其用途也不近相同。美国的税种繁多，但主要的有三种：所得税、销售税以及财产税。一般而言，所得税由联邦政府和州政府分享，销售税一般由州政府和地方政府共同征收，财产税一般属于地方政府。

在税率的制定上，除了所得税由联邦政府统一制定以外，州的财产税、销售税以及州所得税税率都可以由享受该种税的州政府或者地方政府制定。一般而言，地方政府的主要财税来源是当地的财产税，因此，为了能扩大税源，同时也为了扩大本小镇的影响力和生活质量，美国很多地方政府纷纷抛出了吸引投资的高招，从而让小城镇拥有了更多的产业。这不仅能提高当地的税收来源，有利于本地的基础设施建设以及城市发展，同时也能为该地方带来很多的就业机会，有助于小城镇的健康发展。

为了能争取到更多的投资项目，地方政府可是使出了浑身解数，想出了不少高招。其中，最常用也是最有效的手段之一便是通过制定优惠税收政策的方式来吸引投资。一般来说，厂家投资时除了要考虑投资地的基本环境和人员、技术、资金方面的因素之外，也非常重视当地的税收政策。因为当地政府的税收比率的高低直接影响了投资后的经营效益，如果税率过高的话，投资方能够赚到的回报就相对较低，因此，很多企业愿意到税率较低的地方开展经营活动。

地方政府通常采用两种方式来降低税率。一种就是直接降低税率。例如伊利洛伊州为了吸引更多的企业来本州投资，将部分商品的销售税率调低，像食品和药品的销售税率仅有 1%，仅仅相当于其他商品的 1/6 左右。

另外，有的地方政府还会针对不同的对象实施各种税收抵扣等优惠措施。例如有的州就规定企业的研发投入、职工的培训投入分别可以抵扣一部分税收，还有的规定对购入机械、设备、库存等商品或材料一律不征收销售税。有的税收优惠不仅仅针对企业，还有专门针对企业投资主管人的税收优惠项目。例如，为了影响投资个人或者企业骨干（这些人通常是投资的决策人），伊利洛伊州规定将个人所得税率调到 3%，这在美国已经是比较低的了。这样的规定可以吸引不少企业主来该州投资。另外，有的地方还对投资者购买房子或者自己建房设有税收激励措施，可以让企业的高层人士得到更多的“好处”，因此也是很多地方城市普遍使用的招数之一。

除了税收激励政策外，美国的地方政府还想出了不少其他的高招来吸引投资。例如有的城镇规定，如果一家公司能够为当地创造超过 300 个以上的就业岗位，地方政府就会返还一定比例的管理费用。同时，有的城镇还有资金资助项目，例如出台政策规定可以为迁入本地的企业给予优惠资金支持，资金的期限往往比较长，利息率也比较低。

同时，有些地方政府还用当地的土地、水、电优先供给的优惠方案来吸引投资。例如日本三菱公司在美国投资时，伊利洛伊州承诺如果三菱公司在该州投资办厂，该州政府将给予土地方面的支持。最终1美元1英亩土地的价格吸引了三菱公司。而投资商在美国香槟市建立一座商用写字楼时，该写字楼的土地就是当地政府无偿提供的。

很多小城镇政府还采取和诸如行业协会、商会等这样的非政府组织密切合作的方式来吸引投资。美国各地的行业协会是促进经济发展，沟通行业内不同企业的重要组织力量。行业协会处于政府和企业之间，也是政府和企业沟通交流的重要渠道。不少城镇政府愿意和行业协会积极交流，并提供良好的服务，从而与企业进行更多的交流，排除彼此间的障碍，有助于吸引更多的投资。

在美国小城镇的周边地区，往往会有很多的工业园区。这些工业园或者开发区的建立为企业发展提供了平台和聚集地。美国城镇周边的工业园区一般面积都不大，多数是穿越城市的高速公路而规划的。园区内的产业也比较集中，各个企业间的联系也比较密切。工业园招商是吸引投资的有效手段之一。例如圣路易斯市在建立工业园区招商之后，就陆续吸引到了杜邦公司在内的很多家生物、化工型企业的投资。这些公司中有的甚至连公司总部、行政部门、研发机构统统迁入到圣路易斯，圣路易斯也逐渐建设成为美国植物和生命科学领域的重要生产、研发基地。

第三节　美国小城镇特色产业观览

美国的小城镇有几十万个，每个城镇的地理环境、文化传统、历史背景都有所不同，因此每个小城镇都具有自己独特的风格。这种独特体现在产业发展上也毫不例外。下面简单介绍几个特色比较鲜明的小城镇的产业发展。

一、减肥之都——达勒姆

达勒姆是著名学府杜克大学的所在地，现有人口 18.7 万，位于新英格兰州的中部，地广人稀，林子特别多，是一个安静的小镇。这里曾经是烟草之都，不过这一行业已经逐渐萎缩了。现在，达勒姆成为许多肥胖患者的圣地，并因此被冠以“世界减肥之都”的美名。一些在此减肥成功的人甚至多年以后还要回去还愿，在那里住上一两个晚上。达勒姆市内有三家著名的减肥中心，第一家是“米饭饮食计划”，成立于 1939 年。30 年后，杜克大学开办了“杜克饮食健身中心”。1977 年，第三家“结构院”也开张了。三家饮食中心提供截然不同的减肥训练，但都强调后续家庭治疗。所以，许多病人们在离开达勒姆后，仍能够保持减肥成果，有效防止反弹。在达勒姆减肥价格不菲，其中在杜克饮食健身中心进行为期 4 周的治疗费用为 7245 美元。现在，达勒姆市内的减肥业已经成为当地的特色产业，每年在减肥产业带动下，该市的相关收入高达近 5100 万美元。

二、大学城

所谓的大学城，实际上指大学就是城市，城市就是大学。美国大学在发展过程中功能也不断变化，从最早的教师行会培养少量牧师传授经典知识，发展到后来集教学、科研和直接为社会服务的中心，成为社会发展的“发动机”。在这一过程中，大学本身的规模也越来越大，许多大学聚集在一地，在学校周围或大学校园本身形成了具有一定规模的城镇，就称为大学城。

美国著名的大学城波士顿市坎布里奇镇的哈佛和麻省理工学院大学城。位于美国东北部的波士顿市市区不大，但波士顿地区聚集了哈佛大学、麻省理工学院、波士顿大学、理斯丽女子学院等50多所大学。哈佛大学和麻省理工学院所在地共有10万人，其中哈佛大学现有6794名员工，1334名教师，15343名攻读学位的学生和5186名其他学生。麻省理工学院现有6184名员工，918名教师，9878名学生。剑桥大学现有15500名学生，7000名员工。

大学城的建设中政府是主要力量，但美国富有的个人对教育的投资也是大学城建设的重要力量。以斯坦福大学为例，创办人斯坦福先生购得大片土地，为斯坦福大学校区拥有巨大的发展空间和成为一个大学城奠定了基础。

大学城通常具有便利的交通和良好的通讯条件。由于现代大学不仅要培养学生，还要开展科学研究和为社会服务，因此许多大学城都建在大都市地区，便于与外界进行联系。例如美国加州大学的洛杉矶分校戴维斯分校、伯克利分校以及斯坦福大学等都建在洛杉矶、旧金山附近，匹兹堡大学与卡内基·梅隆大学相邻在匹兹堡市内，哈佛大学建在马萨诸塞州首府波士顿。

大学城由于有大学的存在而成为特殊的吸引和聚集人才的地方，所以通过大学城的建设可以改变城市和产业的布局、人口的区域分布结构，提高人口素质。如哈佛大学和麻省理工学院所在的坎布里奇地区面积6.3平方公里，人口已达95800人，而且该地区现在已经是马萨诸塞州高新技术产业带的发源地，并且有许多技术研究单位和研究公司。另一个例子是斯坦福大学，它拥有地产达8800英亩，学校出租校园空余的土地，最终形成了举世闻名的硅谷,形成了人才密集的技术工业中心,在IT等领域居世界领先地位,而一大批公司如惠普公司、英特尔公司都产生于此。

三、古董城——威廉斯堡

威廉斯诞生于1699年，以当时英国国王威廉三世的名字命名，到现在已经有300多年了，尽管对世界上很多国家来说，拥有300年历史的城市算不上什么，但是在美国，这就已经是一个历史悠久的城市了。所以，美国人将威廉斯堡作为一个古董城市来对待。

威廉斯堡坐落在弗吉尼亚州的东南角，宽阔的詹姆斯河从它的南面流过，四周是一片茂密的树林，挡住了外面喧闹的世界。从1699年~1780年威廉斯堡是殖民时代弗吉尼亚州的首府，是当年“新大陆”的政治、经济、文化中心，所以在威廉斯堡在诞生时就是个显要的新城，有总督的宫殿、培养政治家的学院，还有供政府议政的会堂。

尽管在历史上威廉斯堡曾经是首府，但在弗吉尼亚的首府后来迁到里士满后，这个城市就衰落了，它的复兴是小洛克菲勒在1926年的时候建议将这个城市根据历史原样重建开始的。1926年，美国开始了对这个城市大规模的修复重建工作，现在已经恢复了90幢殖民时期的建筑，同时还补建了一些住宅、商店等的附属设施，使今天的威廉斯堡重现出当年的古朴典雅的风格。

现在，该市每年要花2000万美元来继续维持那些建筑和风俗，保存当时的社会、政治、经济面貌，成为美国保存最好的英国殖民地时代的文化样板。

大街两边的商店里摆放着当年使用的炊具和杂货，路边的广场上搭起帐篷，穿着18世纪拖地长裙的农家妇女在小摊上出售自己做的点心，套着高头大马、油漆得光亮的马车在马路上随意游走，游客可以乘坐这样的马车游览这个城市。

市内的格罗塞斯特公爵大街现在已经是步行街，游客们熙熙攘攘，宛如当年的假日街市。街两边的房屋基本是作坊兼展室，各类艺人在里面表演着打铁、制鞋、印刷、木器制作和陶器等技艺。路边的另一个特色是那些私人住宅的小楼整修得干干净净，各家的大门和窗台上都摆有鲜花和水果，可谓自成一景，吸引了不少游客拍照留念。

现在的威廉斯堡就是一个巨大的博物馆，它向人们展示了早期美国人的生活场景。市内的博物馆陈列着 17 世纪末到 19 世纪初英国人和美国人的 8000 多件装饰艺术品，包括各种计时器、地毯、挂毯、银器、家具等古董。河边的种植园保留着当年的庄园风貌。每年有上百万的游客来到美国的这个古董城市游览参观，体验古风。

驱车行驶在古老的公路上，可以看到离议会大厦不远便是洛克菲勒家族在 1930 年的旧居，在那里可看到美国最大财团的家眷们当年的生活场景。沿公路行驶不多久就进入了静谧而深邃的密林，卡特尔斯林公馆就坐落在密林之中，这是弗吉尼亚建筑史上的杰作。馆内各种陈列品古色古香，美而不艳，华而不俗，体现了弗吉尼亚上流社会的艺术风格。

威廉斯堡最古老、最有历史意义的地方在詹姆斯岛。1607 年，英国 3 艘商船满载着货物和 104 名男子从英国远涉重洋来到这里，建立起自己的城堡，这是当时英国人在美国的第一个定居点，后来发展成威廉姆斯城，在 17 世纪成为英国在北美的第一块殖民地弗吉尼亚的首府，直到这个首府于 1699 年迁到威廉斯堡为止。如今的詹姆斯岛已是一个无人居住的小岛，但是遗址得到了很好的保护，城堡的护城河、房屋的地基都清晰可见，遗址旁的博物馆里以模型和实物的形式重现了当年殖民者的船只、城堡和他们的生活。

四、电子商务城——康格威尔

康格威尔是一个只有350个居民的盛产小麦的小镇，只有谷仓和一个小得不能再小的邮局，没有食品店，没有乡村商店，甚至也没有汽车加油站。但就是在这样一个美国偏僻的小镇的居民仍然可以拥有自己的产业——电子商务，一个全球最先进、发展最蓬勃的产业之一。

该城镇的很多居民都从事电子商务的工作。一位以前从事法律顾问工作的先生也来到了康格威尔开办了他个人的电子商务，因为他和他的妻子喜欢乡村的生活。他们开了一家网上帽子商店，他说这样他们就可以实现他们理想的生活方式了——可以随心所欲地寻找住所。这位先生喜欢收集头饰、帽子，长期的户外生活中，他觉得在普通的商店里他不容易找到真正适合他的帽子。正是因为这个原因，他和妻子萌发了自己在网上开个帽子零售店的想法，然后开始寻找供应商。

电子商务由于能够节省大量的交易成本，所以网上销售的东西在价格上比在普通零售店和商场里的东西便宜，因此只要小型的零售商的产品能够有他们自己鲜明的特色，就能在竞争中站得住脚，甚至参与那些财力雄厚的大型零售商。这位先生的网上零售店正式开通后，三天后就做成了第一笔生意。现在每周有近3000人访问他的网站，平均一周可以售出100顶帽子，这些帽子的产地来自美国、澳大利亚、爱尔兰、英国和奥地利，而他的顾客也不仅来自美国，还来自欧洲和日本。

由于美国的基础设施良好，信息高速公路的铺设使得美国各个地方的人随时都能够与世界联系，从而使得那些即使是在小城镇的人也可以通过这种先进的通讯手段来发展自己的特色产业。据说像这样的小业主数量在美国是惊人的，技术的发展允许这些小商品经营者最大限度地降低成本，并且不必考虑经营场所，就可以将业务延伸到世界的各个角落。

五、度假胜地——查尔斯顿

查尔斯顿位于美国迈阿密州，是美国最南端的一个小镇，有美国的“天涯海角”之美誉。它是迈阿密州用200多公里跨海公路、7座高跨度大桥连接起来的小巧玲珑的小镇。美国著名作家海明威的故乡就在这里，他在这里写下了世界文学著作——《丧钟为谁而鸣》。目前，这里还完好地保存着海明威博物馆。

查尔斯顿小镇人口不多，目前仅有8万人左右。虽然人口不多，但查尔斯顿却是历史悠久，号称美国最古老的小镇。查尔斯顿小镇在16世纪末以前一直是南卡罗来纳州的首府，在当时是美国南方最富有的小城镇。这里有美国最早的海关、最早的贩卖黑奴交易市场、南北战争纪念碑和古炮台。除此之外，查尔斯顿还是美国最大的军港之一，著名的第七舰队的航空母舰等百艘军舰都停泊在海湾，游人可以在军港海军导游引导下坐车游览，威风凛凛的壮观场面与南端静谧的度假豪宅散发出的温馨气息形成了鲜明对照。

查尔斯顿地处美国南端，属于亚热带气候，春夏时节特别美。每到这个季节，杜鹃、山茶、玫瑰、茉莉百花盛开，芬芳四溢，与挺拔青翠的棕榈树争相辉映，构成了一幅摇曳多姿的亚热带风情图。

海滨小镇查尔斯顿的美丽景色吸引了不少世界富豪前来定居、度假。沿宽阔的海湾种植了一排排郁郁葱葱的椰树，树阴下掩映着一栋栋造型别致的度假小屋。直接面海的度假屋最昂贵，一小栋可达几百万美元，位置靠里面的屋价依次递减。这些度假屋多为三层，每层都有宽敞的带立柱的观景凉廊，屋内陈设富丽雅致，充满贵族气息。

这里是美国最热门的休闲度假区，据民意调查显示，五个美国人中就有一个认为查尔斯顿小镇是夏天最理想的度假胜地。因为查尔斯顿是一个充满西班牙与墨西哥风情的小镇，到处流淌着从各类酒吧、咖啡馆里飘荡出的南欧或拉美的情歌。

六、名著之乡——汉尼拔

汉尼拔是位于美国密苏里州的一个河边小镇，人口不到2万。汉尼拔镇地方不大，一眼就能看到整个小镇的全貌。然而，正是这个小镇每年吸引了十多万人前来观光。到底是什么吸引了那么多游客的眼光呢?

原来，汉尼拔小镇曾经诞生了美国历史上一位著名的小说家——马克·吐温。160年前，一个8岁大的顽童跟随父兄搬到这里。当时，人们没有想到这个跑来跳去的孩子会将他们的音容笑貌，连同小镇的一切带入美国乃至世界的文学史，使汉尼拔镇成为美国人追忆幸福童年的地方。这个小顽童就是著名作家马克·吐温。

从8岁~17岁，马克·吐温在汉尼拔镇度过了一生中最美好的少年时光。他的著名代表作《汤姆·索亚历险记》和《哈克贝利·费恩历险记》，均取材于此。美国著名作家海明威曾说："美国的现代文学都源自一本书，它的名字就是《哈克贝利·费恩历险记》。"

汉尼拔镇的街区保留着马克·吐温时代的模样，整个城区只有一条一眼望得到头的大道。在汉尼拔镇，人们一眼就可以分辨出哪些人是游客，哪些人是当地人。笑眯眯地看着你、向你频繁点头致意的多是马克·吐温的家乡人，那些手拿地图东张西望的肯定是游客。在镇上唯一的大道的南面有一幢白色两层小木楼，这就是马克·吐温的故居。其实，大多数来这里的人，面对这幢小楼记起的恐怕不是叼着大烟斗、留着浓密胡须的马克·吐温，而是他笔下那帮顽皮的少年。游客们一边指着故居一边说："瞧，三更半夜汤姆就是从这扇窗户爬出去玩的……看，汤姆的姨妈就是坐在这儿绕毛线的……"在人们眼里，镇上最有地位的不是大人，而是满街疯跑、玩"官兵捉强盗"的淘气小子。

在马克·吐温故居旁有一道半人多高、五六米长的用木板围成的墙，那就是人们津津乐道的"汤姆·索亚墙"。游客排着长队，耐心地等着同这堵墙合影。人们大都记得在《汤姆·索亚历险记》里，汤姆的姨妈罚他刷墙，狡黠的汤姆想了个鬼点子"引诱"他的同伴来帮忙，结果，同伴们不仅争着要为汤姆刷墙，还要给汤姆送礼物争取刷墙的机会。

如今，旅游业成了小镇的支柱产业。每年夏秋是旅游旺季。街道两边摆满小摊，人们穿着马克·吐温时代的服装，用马克·吐温时代的工具现场制作各种食品和工艺品等。铁匠铺子的打铁声、小摊贩的吆喝声、明快的音乐声，使人们仿佛回到了那个年代。

每年国庆期间，小镇还要举办"汤姆·索亚日"。从全国各地选拔的中小学生赶到这里参加汤姆·索亚知识竞赛。最后，人们从中选出"年度汤姆"作为汉尼拔镇的旅游亲善大使。他们要给游客讲汤姆的故事，头头是道地回答人们提出的问题。当问他们，你们碰到最多的问题是什么时，小鬼们不约而同地回答："请问厕所在哪儿？"

第七章 美国小城镇的教育与医疗体系

第一节 美国的教育体系概述

美国的教育受到欧洲社会的影响很大，殖民地时期的美国教育是欧洲大陆教育在美洲的延伸，其教育的思想和管理的模式都与欧洲十分接近。在当时，欧洲教育是贵族的特权之一，因而在美国，对幼童的教育并不认为是当时政府（即殖民者）的职责，从而各个地区是根据自己的实际情况和需要来提供对儿童的教育和评价体系的。由于这种历史的缘故，美国的教育体系和制度从一开始就具有分散的特征。独立以后，美国逐步形成了初等教育、中等教育、高等教育的雏形，并开始寻找适合美国国情的教育发展模式。

一、美国的教育体系

(一) 联邦教育体系

美国的联邦政府设有教育部，但是这个教育部不同于许多国家的教育部那样拥有对全国教育部门的管理权力，美国教育部的权力是很小的。它的主要职责是肯定平等的教育机会以及通过拨款保障和改善社会低下层家庭孩子和身体缺陷儿童的受教育权利。像我国教育部所掌握的制定教育政策、监管地方院校的权力，美国教育部是没有的，这和前面提到的美国教育的历史有关，也和美国社会高度商业化的氛围有关，因为既然美国教育的绝大部分经费来自地方的州政府（公立学校）和学校的自筹经费（私立学校），美国教育部的控制能力就会相应变弱了。

但是联邦教育部的工作对美国社会来讲仍然具有重大的意义，特别是对于社会底层家庭的孩子来讲，正是得益于联邦教育机关推行的学生种族混合计划、双语教育、职业教育等计划，这些孩子的平等受教育权利才得以保证。在这个意义上，美国的联邦教育机关在宏观上保证了美国社会核心的价值观念和社会机制——平等得以贯彻执行。

例如双语教学是针对那些移民子弟开设的，这些在其他国家出生的孩子初到美国由于语言的困难很难立即跟上美国同龄人的上课进度和适应美国的教育方法。针对这种情况，联邦教育部拨款为这些学生开设双语教学课程，帮助他们渡过这个困难的过渡时期，不使这些孩子因为最初的适应障碍而影响他们继续接受教育的能力和机会，从而在更远的将来平等地参与到社会的竞争中去。教育部也拨款为贫困地区的学生和一些低收入家庭的孩子开办专门的启蒙班，目的也是为这些在出生时经济和环境处于不利地位的孩子提供正常和平等的教育机会，从而在长远上为解决美国社会的贫富悬殊问题做好准备。

（二）地方教育机关

在美国，实际拥有监督管理学校权力的是各州政府。各个州的议会可以制定相关的教育法例，并且这个法例要求州内的学校遵守。每个州一般设有相应的教育委员会，它是州议会以下的教育决策机构，州教育委员会下设有负责具体事务的州教育局。

州教育局提出关于教育的具体政策，例如不同年级适用的教材、考试要求达到的水平、教育款项的分配和使用的要求和规定。但是无论是州的教育局还是州议会都不会直接介入学校的运行和管理。

地方教育部门的相关法规要求通常只适用于州的公立学校，私立学校基本上不接受任何政府的监管。但是，通常由于私立学校的收费高，并且历史悠久，所以在教育质量上是不会低于公立学校的，因为没有家长愿意花更多的钱将孩子送到教育质量不好的学校中去。教育质量不好的话就没有捐助人会继续捐款给私立学校，那么私立学校也就没有办法生存下去。

在一个州内，各城镇根据地里的界限划分学区，按块负责学区内的学校和教育事宜。学区的决策机构是地方教育委员会，相应负责具体事务的是学区办公室。教育经费的预算以及教育质量的管理都是由学区办公室来具体制定和执行的，但是需要得到地方教育委员会的审核。

事实上，在美国的教育中，地方教育委员会的权力是最大的，这是因为美国的政治特点就是权力下放，处于行政结构底端的地方教育委员会反而拥有更大的权；另一方面，学区的财政状况、教育理念是直接作用于学校，其影响力更大。由于这个原因，富裕的社区物业税多，相应的教育经费也多，从而教育条件就会比较好。

在美国，除了政府和管理部门对学校的管理和影响外，非常有特色的是，家长会和教师工会对学校也有不小的影响力。家长会从学生家长的角度提出对学校的要求和期望，这种压力在私立学校会比较明显；另一方面，教师工会从老师的角度对学校提出要求，这通常会提高学校的教学环境、软硬件设备以及改善学校的师生比例。

从教育体制上看，美国当前的教育涵盖了学前教育、初级教育、中等教育、高等教育和成人继续教育几个部分。美国实行义务教育制，入学前教育、小学教育以及中等教育都属于义务教育阶段。目前美国的小学与初中教育基本上都是免费教育，其学制与我国大致相同，即“6—3—3”制（小学6年，初中3年，高中3年），也有一部分地区仍然采用了“8—4”（小学8年，中学4年）制。

二、美国的教育类别

美国的学校可以分为公立学校和私立学校，这已经为大多数人所了解。根据1990年的人口普查资料，公立学校的学生占全部学生的86%，也就是说公立学校的系统和规模都远远超过私立学校。但是由于各种原因，美国的公立学校在近些年出现了公立学校私营化的倾向。如果按学生的年龄段来划分的话，美国的各类学校可以分为以下几类：

（一）入学前教育

入学前教育是指儿童在进入小学之前所接受的教育，相当于我国的幼儿园和学前班。这个阶段教育的主要目的是为孩子将来的发展提供一个基础，培养的是一种社会性的交往能力。在绝大多数的州，入学前教育并不是每个孩子必须接受的，而且这种教育通常也得不到政府的资助。主要的形式有：日托中心，类似我国的托儿所，美国的一些企业也会为其员工的孩子在企业楼内设置日托中心，方便工作的家长在白天照顾孩子；家庭托儿，将孩子送到某个人家中看护教育，是一种家庭氛围比较浓的教育方法；幼稚园，和我国城市的幼儿园差不多，教育以游戏为主；启蒙班，是联邦教育部拨款为贫困家庭的孩子开设的，由于这些家庭存在不同的问题，例如暴力环境，所以国家教育会向这些家庭的孩子提供倾斜补助，使他们受到相应的帮助和教育。

（二）中小学教育

美国的中学和小学教育在年限上没有全国统一的分界，各个州可以根据自己的情况制定相应的分年级制度，但是美国学生在进入大学之前都会接受至少 12 年的教育。通常的分法是小学为一年级到五年级，初中是六年级到八年级，高中为九年级到十二年级。

美国的小学一般规模不大，基本上是一个年级一个班，但是如果一些大城市的适龄儿童比较多就会采用分班。小学的入学年龄在 6 岁左右。小学主要教授小孩基本的学习能力，以读写、理解和简单的数学、科学和社会学科为主，其中对英语的认读、理解是最重要的。美国小学课程非常富有弹性，既没有界限明确的学科，也没有固定不变的教学课时。各州小学一般开设语文、数学、自然科学、社会科学等。除此之外，小学也要开设体育、艺术类的课程，不过这类课程的弹性很大，不同教学质量的学校在这类课程上的师资、重视程度会有比较大的差别。从目前美国学校的实际情况来看，美国小学的数学普遍缺乏严格训练和要求，在课程编排上尽量放低要求，整个小学对抽象的数学概念涉足较少，主要还是围绕加减乘除四则运算。自然科学课程一般包括科学知识和原理、环境教育、科学技术、自然常识等。社会课程的涉及面比较广，一般包括历史、地理、政治、经济等常识。美国小学的社会课经常以生活化的方式传授给学生社会生活常识，如安排参观、由学生收集相关课题的资料、小组讨论以及采用录音、录像等现代化教学设备辅助教学等。

小学之后是初中，初中又可以分为中学和初级高中。这种分法在历史上曾经是为了缓解高中拥挤的压力，但更现实的是体现了美国实用主义的教育理念：为那些不打算就读大学的学生准备实用的社会技能和职业技巧。尽管初级高中在其设计之初是为了那样的目的，但由于美国高等教育的普及和社会竞争的加剧，实际上初级高中仍然注重于理论学习方面，而不是职业技能，因为绝大多数的学生在完成初级高中之后会继续升读高中。中学和初级高中的课程与小学相仿，只是在每个课程的安排上有了更加规范的要求，也就是对某一门课有了比较严格的学时要求。

高中的课程是为学生进入大学作前期准备的。美国 19 世纪末的时候曾经对是否应该将高中一分为二进行过讨论，讨论的一方认为，高中课程应该既为将要继续求学接受高等教育的学生设计，又要为那些将要直接进入社会的学生设计，对于不同目的的学生的课程和要求有所不同。这就与我们国家高中毕业学生同时参加高中结业会考和全国高考两种考试，但考试的要求不同有点类似。

但是在美国，当高等教育不断发展可以满足大多数人的升学愿望的时候，这种对高中职能的讨论就淡了下来，最终的结果就是无论对于要继续求学的学生来讲还是对要就业的学生来讲，高中的要求是一致的，毕业之后的选择仅仅是学生个人的选择，这多少也包含了美国核心价值观中的平等思想。

美国高中的课程分为必修课与选修课，而且采用的是学分制。必修课的设置是由区教育局或州教育局规定的，而选修课则由学校自己决定。一般英语、数学、自然科学、社会科学、电脑和外语是必修的，但是学时上的规定又有所不同。美国高中的课程也受大学招生规定的影响，如果大学规定该学校的新生在入校前必须学习过哪一门课程，那么高中自然会开设该门课程，这也体现了高中是为大学输送合格新生的职能。

美国没有类似于我国的中考，但是在一些学区也存在着以成绩分配高中的情况，这样初中的学习情况就很重要。此外，美国还有一类称为重点学校的学校，这类学校的课程体系和上面介绍的那种不同，学术水平要比普通学校高，高中辍学率低而升入大学的比例高，学校的学分和学生的行为都比较好。

（三）大学教育

美国人对他们的高等教育一直引以为豪，现在国内许多的高中生、大学生和研究生积极寻求去美国接受高等教育，也反映了美国在这一方面的世界领先地位。美国大学完全不同于美国的中小学，对学术标准的追求相当严格。

美国高等教育的先进主要体现在两个方面，一方面是在规模上有优势，全国有3000多所高等院校，并且学校的学术研究分类细致，种类庞杂，形成了很发达的研究体系；另一方面是美国的大学在学生培养方面十分注重研究能力和创新能力的培养，鼓励讨论和反驳，鼓励合作。

美国的大学也分为公立学校和私立学校，公立学校将近1500多所，私立院校1600多所。两种学校的区分仅在于他们取得经费的不同，最近的统计数据表明，两类学校从联邦政府得到的拨款在学校运营经费上相近，都在10%以上一点。但是，私立学校从地方政府得到的经费少，因而学费贵，公立学校从地方政府得到的经费则会多很多。公立大学和私立大学都有很好的大学，所以科研水平和教学质量与大学的性质关系不大。

美国的高等教育分为三级结构：两年制的初级学院、四年制的综合性大学以及各种专业学院、研究生和高级专业教育。其中，两年制的初级学院大部分是公立的，一般由州政府或当地社区资助，因此通常也称为“社区学院”。这类学校一般为走读性质，学校招生的要求不高，学费也比较便宜，学生毕业后可获得副学士学位。二年制学院的教育分为两类，一类是普通教育，学生毕业后转到四年制大学继续学习，可以取得学士学位；另一类就是职业教育，学生毕业后直接进入社会从事具体的工作。

四年制学院或大学主要向学生提供大学普通教育和专业预科教育。其中不少学校还提供研究生教育和专业教育，学生毕业后可获得学士学位。这类学院或大学既有公立的，也有私立的。各专业学院对入学新生的学业要求不同，修业年限也不相同。例如工学院、农学院、教育学院等可以直接招收高中毕业生，而医学院则要求新生在入学前修完至少 3 年的医学预科。各类专业学院的学费高昂，每年招生名额有限，所以只有少数富有人家的子女才能进入专业学院。

（四）职业教育

美国的职业教育由中等职业教育、高中后职业教育和高等职业教育构成，其实施机构主要为综合高中、地区性质的教育中心、社区学院等。

从实施职业教育的主体社区学院来看，其办学是以政府为主的。1994 年美国的社区学院共有 1471 所，其中公立的 963 所。州政府和地方政府作为教职经费的主要提供者，直接进行管理工作。每个州都设有职业技术教育委员会，统筹规划和协调管理全州的职业教育。委员会的主要职责是：确定本州职业教育的发展规划，制定相应的政策法规，分配和管理联邦及州的职教经费，评估审议课程设置、培训项目和学校设备更新计划，审计各学区财务执行情况，确定学生的学费额度和审议学生资助情况，颁发教师资格证书，争取联邦和州政府各方面对职业教育提供支持等。

三、美国教育的特色

每一个国家的教育都具有自己的特色，这种特色和该国的历史、文化、传统以及社会经济的发展状况和占据主导地位的教育理念有关。美国的教育也有很多特点，下面仅从两个方面给读者一个感性的认识：

（一）平等

美国由于综合国力的强大，有能力和条件做到普及教育，从而可以为社会的公民提供平地接受教育的权利以及日后平等地参与社会竞争和获得成功的机会。在前面论述联邦教育机关的职能时已经指出，美国的教育部门很注重对处在社会弱势群体的孩子的教育问题，特别是少数族裔和贫穷儿童的受教育问题。除了前面提到的双语教学等，美国还针对种族歧视问题，对学区的划分有一定的规定以使各族裔的分布不均匀，并且采取了一定的措施（例如校车接送儿童）。

（二）辅导员制度

美国的辅导员有点类似我国学校的心理老师和班主任。但是，不同的是，在我们国家，一般认为有问题的学生才会被班主任留下特别辅导，或是寻求心理帮助。在美国，辅导员是学校里有别于教师的一批人，他们的辅导是以学生为中心，提供他所需要问题的资料和提供意见参考，处理的问题范围也更广泛，不仅是与学校有关的学习，也包括交友、家庭等方面的咨询。

第二节　美国的小城镇教育

一、教育对小城镇的作用

教育对当今世界的重要性已经不言而喻了，美国在当今世界的地位与其经济科技的发达程度密切相关，而在这两者的背后起基础性作用的是教育。

美国小城镇的初等教育和中等教育情况已经介绍过了，总的特点是地方政府和教育局对当地的教育起着主导性的作用。

下面介绍美国高等教育与地方小城镇的关系。美国高等教育的特点是它具有许多不同层次的高等学校，这些不同层次的学校为美国国家输送了大量的人才，同时也对地方的人才结构、相关产业和经济起到了积极的作用。

根据相关研究，美国的高等院校按照层次来划分可以分为五类:研究型大学、博士授予大学、硕士授予大学、学士授予大学和社区学院或两年制大学。前两个类型的学校在每个州都会有，但是数量分布不均，硕士授予大学在数量上的控制也较为严格，但是在州内的分布比较均匀，这主要是为了保证各个地方都能受到这种类型教育的辐射。而学士学位的学校和社区学院的设置则完全是根据地方的需要来设置，尤其是后者，主要就是设在小城镇，并且办学的目的、经费的来源以及学生毕业后的就业等都和本地区直接相关。需要指出的是，即使是那些具有全球声望的高等学府在地理上也并不完全分布在像纽约、波士顿、芝加哥那样的大城市，相当数量的这类院校分布在城市边缘的小城镇。美国高等院校的这种分布格局对小城镇的发展有许多的好处：

首先，高等院校所在的城镇直接从教育上得到收益。高等院校的所在城镇往往是人才聚集的地方和国际交流的地方，同时也是各种文化资源集中的地方，而且当地政府和人民能够更加贴近先进的思想和思路，这些无疑能都促进城镇的发展。此外，城镇可以优先利用到学校的科研成果，并且获得高素质的毕业生作为劳动力。在我国，一些地方自己缺乏人才培养的学校和机构，又面临无法吸引人才到本地就业的困难，但是在美国由于教育资源的分布合理，各个城镇都会有充足的受过高等教育的毕业生来充实发展地方建设的劳动者。

其次，高等院校分布于小城镇，既能使学校的学生能够远离尘嚣安静学习，同时也给地方带来相应的经济效益。美国地广人稀，大量学生的到来使得当地的房地产业、餐饮、娱乐、图书等与教育和学生相关的产业获得一定规模的市场而得到发展。

第三，尽管美国学校的分布广泛，但同时一些著名的院校和科研机构以及与这些学校、机构的研究相关的产业在地理上的分布也体现出集中效应，从而形成以院校和科研机构为中心的高新科技开发园区，将学术成果转化为实用成果和经济效益。这样的典型例子就是美国的硅谷。

二、社区教育

从以上关于教育的介绍中可以知道，与地方小城镇关系最为密切的教育就是美国的社区教育，这也是美国教育的一大特色。美国的高等教育之所以能够得到普及，是与美国这一层次的教育机构大量广泛地存在于各个地方密不可分的。

美国的社区教育在20世纪20年代开始发展成熟。最早的社区学院是为接受了12年教育的高中毕业生提供大学水平的教育，后来社区学院的职能变广，但其主要的办学目标还是为本社区服务。目前，美国有社区学院1471所，其中公立的963所，私立的508所。

社区学院最核心的职能是服务本社区，所以它关注的问题是本社区所关心的问题。社区需要什么样技术和素质的人才，社区学院就设计课程、聘请专门的老师来培养满足这方面需要的学生。尽管社区学院的学生在完成两年的课程后可以申请进入四年制大学就读，并继而取得学士学位，但是大多数的学生加入社区学院的目的是为他们毕业后的直接就业服务的，所以社区学院普遍具备职业技术教育、补偿教育、社区非学历教育的职能。

职业技术教育在各个社区学院中十分重要，学习目的是职业技术教育的学生占所有社区学院学生的一半左右。职业教育的内容十分实际，例如工程技术方面的房屋建筑、焊接技术、机械修理、电子仪表装配、计算机程序等，医疗护理方面的护士助理、牙科助理、精神病理疗、紧急救护等，社会管理服务方面的法庭工作人员、秘书人员、商业广告宣传人员、服装设计、物业管理等。

补偿教育的主要目的是提高成年人的文化程度、扫除功能性文盲。社区学院非学历教育是指那些不授予学位的教育项目，内容很多，相当于我国的课程培训性质。由于社区学院服务社区的性质，所以学校的体育场馆、礼堂、电影院、剧院、图书馆等资源都向社区居民开放，从而提高了社区居民的参与度，对非学院学生的居民也是一种间接提高素质的教育。

由于社区教育对于美国众多的地方城镇建设发展大有裨益，所以政府对这种教育形式大力推动，使得社区教育在 20 世纪 50 年代和 60 年代得到高速发展。社区学院绝大多数是政府主办的，经费来源以政府拨款为主。相关统计表明，社区学院的资金中有 42%来自州财政，23%来自学费，18%来自当地政府财政，5%来自联邦财政，10%来自其他的形式。

可见，地方政府是社区学院资金的主要承担者。但是同时也有统计数据表明，政府为社区学院每投入 1 元钱，社会可以获得 9.3 元的回报。这样政府对社区学院的投资可以从税收得到收回，因为这些受过高等教育的人，收入会有显著增长，于是消费也会相应增加，政府从他们身上征收到的税也会相应增加。

现在，美国的社区教育已经形成了基本的模式，尽管这样，由于社区教育是一种相对灵活的教育形式，所以随着时代的发展表现出很大的与时俱进性，具体表现在专业设置、课程设置、具体的教学内容都在随着外部现实和社会需求不断变化。

三、美国小城镇中学见闻

美国多佛·舒伯尔公立学校是位于波士顿市西郊多福镇和舒伯尔镇的一所中学。学校由两所小学、一所初级中学和一所高中组成。由于校区分布在这两个小镇中，所以学校的名字以就以这两个小镇的名称组合作为校名。多佛·舒伯尔公立学校的学生大都来自这两个小城镇。

学校的高中教学部的主教学楼是一座两层的楼房，虽然楼层不是很高，但里边的教学设施却非常齐全。每个教室都装有电视机、计算机以及电话。教室宽敞明亮，装饰得也非常漂亮。同时，教学楼的设计也体现了以人为本的原则，每层楼里都设置的有供残疾人使用的设施，以方便残疾人使用。

学校从早上 7 点 40 分开始上课。初中学生和高中学生每天要上六节课。初中每节课有 42 分钟，两节课之间学生只有 3 分钟的休息时间，仅够学生们赶往另一个老师的教室。高中每节课有 1 个小时，两节课之间学生们也只有 3 分钟的休息时间。上完头两节课之后，学生们有一次 12 分钟的休息时间，这期间，他们可以吃些零食。学生和老师都分成两拨吃午饭，他们只有 20 分钟的吃饭时间，所以他们要很匆忙地吃完午饭，否则就来不及上课了。

学校中午没有午休，午饭之后，他们还要上一到两节课。下午两点一刻放学。放学后，许多学生参加俱乐部的活动或参加各自所属球队的训练。在美国，高中生可以选择他们所喜欢的课程及课程的难度。因此，学生们没有固定的班级。美国的班级一般都比较小。小学每班只有 18~20 个学生，中学和高中每班仅有 20~40 个学生。

老师们有自己的教室，他们就在自己的教室里等候学生来上课。而学生们却要在 3 分钟内从一个教室赶往另一个教室去上课。老师们可以随心所欲地装饰他们的教室。在小学的一个教室里，放着一个有很多金鱼的大鱼缸。在一位历史老师的教室里，甚至存放着许多我国生产的物品。原来这位老师不仅对我国的历史感兴趣，而且对我国产品也情有独钟。在她的书架上放着剪纸“红双喜”，这是她去年在杭高上剪纸课时的作品。还有一位老师非常喜欢鲜花，于是她便在教室里养着几盆花。

美国多佛·舒伯尔公立学校面向多佛和舒伯尔两镇所有的学生开放。他们的口号是：一个都不能少。学校没有权利拒绝任何学生。如果学生在学习上确实有困难或者是不能专心于学习，专职的辅导老师就会对他们进行个别辅导，直至他们在学习上取得进步。一般专职辅导老师是精通各科的。

有时，学生家长也会被邀请到校和学生一起学习。这种辅导方式行之有效。在老师们的帮助下，那些曾经对学习失去信心的学生重新找回了自信。美国的学生看起来似乎有更多的空闲时间，而实际上，他们每天要在校学习 6 小时，而我国学生在校学习的时间是 5 小时 15 分。要想高质量地完成老师布置的设计与指定的作业，美国的学生得花费很多时间到图书馆查资料。有时他们得共同完成老师规定他们画的地图或模型。美国的学校重点是培养学生的推理能力、分析和解决问题的能力，所以学生在课堂上可以随便做任何事情，可以畅所欲言地发表自己的观点，甚至可以走到老师桌旁取纸擦鼻涕。

一年中，美国的高中学生要参加大大小小无数次的测试及考试。为了给学生们一个公平准确的评价，老师们得花很多时间。在美国没有像我们国家统一的大学入学统一考试，学生可以申请他们喜欢的任何大学或学院。他们所申请的大学或学院参考他们在高中时期所取得的各科成绩。如果你想进入一所著名大学学习的话，那你平时就要刻苦学习。

在多佛·舒伯尔公立学校，老师几乎不用教科书来进行教学，甚至同学科老师使用的教材也不同。老师各自出试卷，考自己的学生，学校没有统一的考试，但是小学四年级、初中三年级和高中二年级时，学生们得参加州里举行的统测。

这两个镇的学生享受的全是免费教育，大多数教育基金来源于税收。镇上的居民是纳税人，因此不必为他们儿子所受的教育交费。多佛和舒伯尔地区的教育质量很高，多佛·舒伯尔高级中学也是麻省最好的中学之一。

第三节　美国小城镇的医疗体系

一、美国的医疗体系概述

现在世界上的发达国家通常都给国民提供比较高的福利，主要体现在失业保险、医疗保险和免费教育，等等。但是从医疗保险来看，美国的医疗保险并不比其他发达国家具有优势地位。美国的医疗保险费用高昂，覆盖面小，保障有限，制度复杂，而且近年来的改革也很艰难。多年来，美国的医保制度不仅受到本国国内多方面的责难，甚至受到来自国际社会的批评，被世界银行、世界卫生组织列为值得世界各国吸取教训的例子。

由于美国是一个新兴国家，至今只有200多年历史，国家文化受到那些具有宗教、政治反叛精神和冒险勇气的早期欧洲移民的思想影响很大，形成的是主张自由、独立和平等的核心价值观。这种价值观已渗透到美国社会的各个领域，支配着人们的思想和行为。在医疗卫生领域中也不例外，美国人不强调医疗卫生工作的政府责任和社会的统一性，而强调个人的责任和社会的多样性。

所以，美国人习惯于把健康和医疗问题更多的看成个人的事情和责任，不喜欢外来干预。他们认为医生和医疗机构应该独立自由行为，反对过多的限制；解决医疗卫生中的问题倾向于用市场手段，不喜欢用行政手段，因而美国全国没有一个统一的医疗保险制度。另外，美国的国家结构是联邦制，各州都有自己相对独立的立法权。对于同一样事务，各州的法律规定可能会有很大的差异。与教育等其他领域一样，在医疗领域，各个州、市、县的法律和规定也是存在很大差异。这也是形成美国医疗保险制度十分复杂的原因。

正是由于上述的文化和社会背景，美国没能像世界上许多发达国家那样形成或逐步形成一个全国统一的医疗保障制度，而是按照市场的需要慢慢地形成了美国特色的医疗保险系统。这一系统由三大部分组成：

（一）社会医疗保险

这是由联邦政府和州、地方政府所举办的，主要是帮助弱势人群（老人、穷人等）的强制性的医疗保险计划。主要有以下几种：

1. 医疗照顾制度

该制度是对 65 岁以上年龄的人，以及 65 岁以下因残疾、慢性肾炎而接受社会救济金的人提供医疗保险。保障的范围包括大部分的门诊及住院医疗费。受益人群约占美国人口的 17%。

2. 医疗补助制度

3. 工伤补偿保险

各州普遍实行基本的社会保险计划，雇主必须为雇员向保险公司购买工伤保险。当工人因工伤事故而致残与损伤时，由保险公司支付治疗期间的工资和全部或部分医疗费用。

4. 少数民族免费医疗

享受对象为印第安人和阿拉斯加少数民族，约有 100 多万人。全国有 50 所专门医院为少数民族提供医疗服务。

5. 军人医疗计划

由联邦政府向所有现役军人、退伍军人及其家属提供的特别医疗保障项目，由专门的军队医疗网络系统提供服务。

其中，医疗补助制度是美国医疗体系中比较有特色的一种。医疗补助（援助）是美国两大公共医疗保险计划之一，也是美国最大的健康保险项目。医疗援助对于保障穷人的医疗权利和身体健康起到了重要作用。该制度产生于 1965 年，是美国卫生保健历史上一个重要的里程碑。

当时美国国民有一种呼声要求建立全民医疗保险制度，但当时的阻力比较大，要完全实现非常困难，所以折中的办法就是政府逐渐采取行动，1950 年社会保障法修正案授权联邦政府拨款资助州政府，用于支付公共援助对象的医疗费；1960 年，国会又通过了《科尔—密尔斯法案》，该法案增加了联邦政府用于资助州政府支付医疗费的配套经费并且扩大了州政府的援助对象：将有医疗需求的低收入者，包括低收入的老人、盲人和残疾人等，都纳入进来。这样在 1965 年，民主党在获得大选胜利后建立了医疗援助制度。

美国医疗援助的对象主要包括五类人：一是有抚养孩子负担的家庭，如贫困的单亲家庭和有一方失业的双亲家庭，穷人、盲人和残疾人。二是低收入家庭的小孩和孕妇。三是低收入的医疗照顾对象，包括低收入的老年人和残疾人，他们的医疗照顾保险费和医疗费的自费部分可由医疗援助项目支付。四是有较大医疗开支的人。虽然这些人的收入远远高于医疗援助的标准，但巨额的医疗费和长年的护理费将耗尽他们的收入和财产。五是接受机构护理的人。医疗援助的服务范围包括医院和医生的服务，家庭健康计划咨询，专业护理机构的照顾、诊断服务，小孩各种疾病的检查和治疗等。各州还可以有选择地提供一些服务，例如牙的护理、弱智者的护理、老人和小孩的精神疾病治疗等。

（二）私营医疗保险

在美国，公民看病所需要的钱有一半来自私营医疗保险计划，即使是政府医疗保险计划中也有很多操作工作是通过私营医疗保险公司来执行的。私营医疗保险公司主要分为两类：一类是非营利性质的，它们由医生和其他民间机构发起和组织，为投保者提供门诊和住院服务保险。另一类是商业保险，商业保险是以营利为目的而提供个人和团体的医疗保险，是一种市场化的行为，按照市场的规则运作。美国开展医疗保险的商业保险公司有1000多家。

（三）管理式医疗组织

这是一种由保险人与医疗服务提供者联合提供服务的医疗保险形式。这种医疗保险种类复杂，但由于管理式医疗组织在节省医疗费用和提高医疗质量方面的成效，逐渐成为美国占主导地位的医疗保险形式。

二、美国的小城镇医疗体系

在美国，卫生机构的种类比较多，一般由医院和诊所构成。其中，医院的规模相对较大，在规模、技术、服务质量上都要比诊所高一个档次，因此主要集中在大中城市。在小城镇中，通常是诊所提供医疗服务。

美国小城镇的诊所的规模比较小，一般只有几个或者十几个医护人员，主要是提供一些应急性医疗服务，例如创伤、感冒之类的病症。现在随着美国管理医疗的盛行，小诊所和医疗保险的衔接没有做好，所以已经很少了。在美国，很多家庭都有自己的私人医生，会定期地进行医疗咨询和保健。如果有大的疾病，也往往都去市中心的大型医院或者专门医院进行治疗。

美国的医院也有不同的类型，这里介绍几种最常见的短期住院性质的医院。

（一）社区医院

这种医院建立在社区，床位数平均是250床，相当于我国城市里中等规模的区医院或小城镇的医院。这种医院在美国是最普遍的，是一般小疾病的理想治疗场所，它环境宁静而有亲切感，对病人来讲就医也比较方便。

（二）教学医院

这种医院类似我国的医科大学附属医院，特点在于具有优良的医生和先进完备的治疗器械，医院的科室设置齐全，建立在医学院的附近，经常会有教授带着医生和学生来给病人巡房检查。

（三）专科医院

这是指那些专门为某一类疾病看病的医院，例如纽约的眼科与耳科医院。这些医院的医生是专家，他们的技术比社区医院甚至教学医院的医生要更好。

另外，美国还有一些教会医院。这些医院是非营利性的，其主要功能倾向于提供预防性和康复保健服务（妇女健康中心项目除外），而且更倾向于提供成人日常医疗、牧师服务、临终关怀服务以及康复保健服务。

三、案例：美国医院见闻

美国医院的总体医疗水平比较高，医院仪器设备比较先进，医疗环境通常比较洁净。下文将通过案例的形式为读者介绍一下美国医院的大体情况，这些医院并不是美国大城市中最先进的医院，而只是美国中等城市中的一些普通医院。

圣可丽尔医院是位于美国墨尔黑德州的一所普通医院。该医院给人最大的感觉便是环境幽雅。这里的环境可以用“净”和“静”两个字来形容。走进参观医院，犹如进到宾馆一样，“净”可以说是“一尘不染”，门、窗、墙、地，洁净光亮，卫生间、床边马桶无臭、无垢，一干二净，令人赞叹。“静”即非常安静，工作人员真真正正地做到“四轻”，病区里听不到嘈杂声，就连请护仪的声音也没有，据介绍，病人请护时，护士站只以灯光显示，由病房秘书传呼主管护士，以保持病区安静。

医院内病房的环境也同样温馨、舒适。医院设有中央空调，病房只设置单人间或双人间，室内的物品放置比较随意，但不能影响病房的整洁。病房墙上挂着病人亲友送来的刺绣、字画，床头柜或留台上摆放着病人喜爱的小工艺品、小盆景及鲜花等。在色调柔和的走廊墙上，悬挂着各种精美的名画，让人有一种温馨、祥和的感觉，犹如家庭一般。在圣可丽医院儿科病区，护士站门口放有一对儿童喜爱的长颈鹿模型，旁边窗台下透过玻璃可看到微型的水族世界，走廊上还有可爱的大象模型，整个病区给孩子们营造了一种集娱乐、治疗为一体的住院环境，身穿类似于生活装护士服的护士阿姨们，还可以在自己的工作服上挂上各式各样的“小玩意”，让孩子们更感亲切。

医院的基础设施比较先进、实用。医院里几乎所有需移动的物品均带有轮子，给护理工作带来极大的方便。这里有带轮子的多功能床，能电动升降，调动体位，并有四个床栏(每侧沿分作两个)，可根据病人情况选用，而床的轮子可以锁定，家庭式产房的床拆下尾部拼好便可以当产床使用；术后观察床，既是病床又是车床，可直接将术后病人接回病房，省去了病人回到病房过床这道工序。带轮子的升降操作台，轻巧方便，可以任意推动，既可以供护士操作时使用，又可以横跨病床供病人坐在床上用餐、伏台休息，必要时，拉开抽屉还可以将一面镜子树起来，做临时梳妆台使用。医院的输液架也是带轮子的。这种输液架除带有轮子以外，中间还有个圆盘，可以放置输液泵，还可以让病人一边输液一边推着下床活动，极大地方便了病人。病房内装置电视、电话，电视除让人享受观看节目、娱乐外，还有不少功能，如还可以按键请护。病房中的电视还与医院图书馆联网，只要一联系，在病室内便可以看到有关健康教育的录像，如术前准备、术中配合、术后注意事项，等等。这样一来病人能更好地掌握相关知识。

医院的支持系统比较到位。医院辅助科室大力支持和密切配合护理部门的工作，病人的餐饮、被服、药品及消耗材料均由相应部门送至护士站。护士输液不用配液，全部由配药房配好后送来，所有的液体均为软包装，抗生素类药液送至护士站以后则存放在冰箱，用前30分钟拿出来解冻，各种化验标本均由医院自愿服务者传送。

医院电脑实行全院联网，病房秘书负责病房文书处理及对外联络工作，从而大大减少了护理人员从事非护理专业、非技术性的工作，使其能集中精力解决病人问题，满足病人需要。另外，医院的护理工具也非常便利。护理用品几乎都是一次性的，而且，许多操作的用物均以“包”的形式存在。例如，擦浴和洗头一向被认为是比较复杂的基础护理操作，被代之为“擦浴包”和“洗头包”。包内装着带有清洁剂的一次性湿毛巾和洗头帽，平时放在温箱里，拿出来便可使用，擦洗后不用过水，非常方便，也大大减少了护士用物准备和物品处理的时间。另外，他们用的注射器是自毁式一次性注射器，既保护了护士，又免去了毁形时间。

医院护士们非常具有敬业精神。护士们不但有优越的工作环境和条件，更有勤奋工作的自觉性和高度的责任感。他们每天提前半小时刷卡上班，在交接班时，接班护士边听边做记录，如床号、姓名、诊断生命体征、出入量、输液情况、活动量、自理能力、营养、特殊器械、安全措施、特殊检查情况、病人宣教的需求等，从而掌握了病人的基本情况，然后对所管病人进行全面的评估，安排好下一步工作。他们工作认真、到位，例如发药，他们能做到发药前认真查对，仔细评估病人情况，看是否继续使用或需要改量；发药过程做好有关的用药宣教工作；给药后注意观察药物反应及用药效果，如有特殊情况及时与医生联系，确保正确给药。在病情观察方面更是严密，如手术不论大小，术后病人生命体征观察频率均分为三个阶段。遇有特殊情况，还要增加观察次数。在健康教育方面，他们很耐心，注意将自己放于与病人同一水平，以鼓励病人为主，对病人的每一个小进步都给予肯定。如果病人做不好或者没有做到时，护士从来不责备他们，只是说："我们换一个方式好不好"，直到病人完全掌握为止。他们工作注重质量，注重效果，以病人及家属满意为目标。为了病人，他们常常连喝咖啡的 15 分钟都顾不上，在病区里也看不到护士闲谈的现象。

医院里除急诊科有医生坐班外，其他临床科室均没有医生坐班。医生每天来查房后，便到社区门诊或私人诊所去坐诊，剩余时间均由护士管理病人，有事才与医生联系。注册护士对当班护士长所分配给的病人进行全面负责和评估，他们具有很好的诊断学基础，很强的查体能力，能对各系统进行体检，对各种辅助检查结果进行分析，从而对病人作出判断。他们的工作依赖性很少，完成医嘱只是工作内容的小部分，大部分时间用于观察评估病人、健康教育、指导或协助生活护理等。由于他们工作仔细、全面，被誉为管理病人的"大总统"。

美国小城镇逸闻趣事摘编 6

美国小镇的冰冻节

美国一些小城镇为了发展本地的经济，绞尽脑汁想了许多“绝招”来吸引游客，内德兰镇一年一度的冰冻节就是通过一个令人叫绝的“创意”来达到这个目的的。

内德兰镇坐落在落基山东麓，海拔 8236 英尺(2510 米)，离布德镇只有半个多小时车程，当地人自称本镇连人带狗不出 1500 这个数。内德兰镇的风景非常迷人，地处白云雪峰之下，红土高原之上，镇上的建筑多以印第安式的木屋和小楼为主。小木屋和小楼在松林灌木间慵懒地伸展开稀疏的篱落和电缆，空气中弥漫着近乎原始的野性和悠闲。延绵不绝的落基山脉将这个小镇与外面世界的高楼霓虹、尘嚣废气隔离开，留给内德兰镇一个任工业社会如何喧嚣躁动也吵不醒的甜梦。但就是这个宁静的小镇，却每年在举行一个大节日——冰冻节。

这个小镇的名字因 1994 年该镇传出停放有一具以低温冷藏的尸体的消息而轰动美国，也引起包括这样冷藏是否合法的争论，连前总统克林顿和现任总统布什都曾参与其事的讨论。

故事是这样的。死者是一个美籍挪威人，叫内德兰德，人称他“爷爷”，1989 年仙逝以后，子孙们为了纪念他，将他的尸体以超低温技术冷藏在钢棺里。死者已逝，论者谤者多感索然无味而偃旗息鼓，但当地商业部门打起算盘，琢磨着如何利用“爷爷”的“名人”效应为本镇旅游业作贡献，同时也在漫长的冬季给居民找找乐子。

2002 年，首届的“冰冻死人节”正式开幕，吸引了大批游人。12 号正好是个礼拜六，节目最精彩，但这些节目却都与死亡或者低温有关。从吃早餐开始，游客就能领略到“节日气氛”。每张桌上放的装饰物不是常见的瓶供花卉，而是一具黑色小棺材，其上还煞有介事点缀着一个花圈。正午“低温游行”时，看热闹的游人挤得水泄不通，走在队伍最前面的是几匹盛装的美洲羊驼。

在美洲羊驼后边紧跟的是一辆敞篷小车，“爷爷”的女儿在里面向游人缓缓挥手。据说，她是持布什总统特批的签证从挪威远道而来的。游人们为了能目睹一眼这位每月花费700美元以低温技术保存其父遗体的孝女，给她如皇后一样的欢迎和尊重。她的后面，是一些服装怪异、发型新奇的人，这些是参加下午“极地跳水”和“抬棺材赛跑”的选手，他们抬着自制的奇形怪状的棺材，踩着高跷，摇着轮椅，戴着骷髅面具，抛送着糖果和飞吻，在观众的狂热欢呼中列队走过镇上的主要街道。

最醒目也最受欢迎的首推几位“抬棺材赛跑”的选手。他们自称为“芭蕾舞裙男”，这些选手各个都是虎背熊腰的牛仔，食指和中指间夹着雪茄，留着薄薄的络腮胡，但是却穿着艳粉色的丝绸芭蕾舞短裙，艳粉色的紧身上衣和长裤，艳粉色的皮靴，脖子上还环绕着鲜艳的花环彩带，外形十分滑稽。

几位自称“太空奋力”的选手装扮成外星人模样，一身草绿，脸上也都涂满绿色，头上戴着金色的“触角”。他们做的棺材是宇宙飞船的形状，上面还写着“NASA”(缩写：美国航空航天局)。

参加游行的人员受到了游客的热烈欢迎，连小孩子们也快乐地捡拾地上的糖果，递给这些“英雄”们。无数举过头顶的照相机、摄像机摇动着，不断变换着焦距、快门、方向，仿佛怎么拍都拍不够。

奇培塔公园湖面上的冰层已经被消防队员们凿开了一片3米

见方的区域，志愿报名的选手们就从这里跳到水寒刺骨的冰湖里，以此为自己支持的慈善公共事业募捐。

极地跳水这项活动并不是该镇的特有，但敢于一试的人很少，毕竟突然从头到脚浸到冰水里的感觉没有人会喜欢，这从选手们出水后龇牙咧嘴嗷嗷大叫就可以知道了。这次有10位左右的选手参加，有的打扮得很漂亮，跳湖前还表演倒立和劈叉，有的连泳装都不换，脱得只剩一层单薄的外套就跳下去。

紧接着的就是“抬棺材赛跑”。在选手们必经之路上，有一大堆雪，一架滑梯，几片烂泥塘，还有一道又长又陡的雪坡。每组5名选手，体重必须都在75磅以上，其中一人须躺在棺材里扮演死人，其他四人则要抬着棺材翻山越岭，中途如不慎失手棺材落地，则会被取消比赛资格。

经过滑梯的时候，“死人”要从棺材里爬出来，攀上一人多高的滑梯，接着滑下来，重新躺回在另一边接应的棺材里，随后抬棺材的人们要攀上最后一道大坡，直冲终点，时间最短者为胜。各个参赛组经过初赛、复赛和决赛的考验，选出前三名，获得一些象征性的奖励。

整个比赛既刺激又轻松。选手们为了争取时间，都在偷偷钻空子，比如“死人”本应自己爬出棺材再攀上滑梯，但很多小组跑到滑梯前，棺材一翻，把“死人”囫囵倒出来，然后七手八脚，连推带举，把他送上滑梯，省下许多攀爬的力气，更节约了时间。

有个“死人”还是个孩子，在大滑梯上迷了路，不知怎么下来，工作人员只好过去略加指点，在下面等待的同组成员并未焦急咒骂，而是和全场一起笑着，耐心等着他下来，然后在欢呼声中踩着泥浆和雪跑过终点。有个小组在跑下最后一道陡坡的时候，因为前面的人跑得太快，后面的一位没跟上，脚下一滑摔倒了，可是为了不使棺材落地，他努力把左手一直高举着，还挥挥右手示意同伴快走，同伴们略略犹豫之后，就这样把他在雪地和泥水里拖了五六米，拖过了终点。他们抬的棺材歪歪斜斜，但终于没有落地，众人都为他的“壮举”长时间欢呼。

随着比赛的进行，难度也越来越大，雪坡等障碍物变得越来越滑，许多小组都一路颠簸，趔趄不已，最可怜的要数棺材里的“死人”了，有时候会被摔出来，好在他们都事先采取了保护措施，戴着头盔。如果不幸有意外，停在赛场外面的急救车随时待命。

最后的胜利者将获得300美元的奖金。“最佳棺材设计奖”是“太空奋力”组的宇宙飞船形棺材；“芭蕾舞裙男”则获得众望所归的“最佳服装奖”。

通过举办如此的“冰冻节”，不仅使内德兰镇这个小镇名声大噪，还给该镇的旅游业带来了真正的实惠。

参考文献

[1] 陈继宁．美国发展小城镇对我国的启示．经济体制改革，2005(3).

[2] 刘福垣，杜润生．中国是个城市短缺的国家．新民晚报，1999-04-22.

[3] 戴增义,等．西方七国知识辞典·美国卷.

[4] 陈强．美国小城镇的特点和启示．学术界,2000(2).

[5] 刘光卫．当代美国小城镇特征及其对我国小城镇发展的启示．城市发展与研究.

[6] 国家发展和改革委员会产业发展研究所美国、巴西城镇化考察团．美国、巴西城市化和小城镇发展的经验及启示．中国农村经济,2004(1).

[7] 陆冠尧,等．国外及中国台湾地区土地用途管制制度研究比较．三农问题研究,2005(8).

[8] 魏景明．美国的土地管理与利用．域外土地,2002(11).

[9] 李茂．美国、加拿大等发达国家土地用途管制制度以及对我国的启示．国土资源情报,2003(1).

[10] 谢芳．美国的居委会．社区,2004(8).

[11] 韩树林．借鉴国外经验 开展学生社区服务．中国职业技术教育,2005(3).

[12] 琳达．美国社区图书馆的百年方针．社区,2005(10).

[13] 李本军．美国地方政府是怎样吸引投资的?．政策,2004(3).

[14] 宋淑云. 美国的古董城市——威廉斯堡. 国际展望,2001(3).

[15] 张奇林. 美国的医疗援助制度及其启示. 经济评论,2002(2).

[16] 林翠芬. 美国医院见闻. 广西医学,2001(12).

[17] 李树琮. 中国城市化与小城镇发展. 中国财政经济出版社.

[18] 叶连松主编. 中国特色城镇化. 河北人民出版社,2002 年.

[19] 梦奎,等著. 中国特色城镇化道路. 中国发展出版社,2003 年.

[20] 江苏省小城镇研究课题组编. 小城镇 大问题:江苏省小城镇研究论文选. 第一集. 江苏人民出版社,1984 年.

[21] 程干远著. 小城镇的行政法律管理,上海社会科学院出版社,1987 年.

[22] 费孝通著. 小城镇四记. 新华出版社,1985 年.

[23] 申振东,周其华著. 城镇化透析. 中国经济出版社,2004 年.

[24] 姜爱林著. 城镇化、工业化与信息化协调发展研究. 中国大地出版社,2004 年.

[25] 徐和平. 美国城市化各阶段简析. 贵州师范大学学报,1995(2).

[26] 名著之乡——汉尼拔. 环球时报,2004-03-19.